Johann Dachs · Wahre Mordgeschichten

Johann Dachs

Wahre
Mordgeschichten

Kriminalfälle aus der Oberpfalz
und Niederbayern

BUCHVERLAG

ISBN 978-3-934863-82-8
Titelbild: Fotolia.de
2. Auflage 2011
© MZ-Buchverlag 2004

Inhalt

Vorwort

Wie in meinen Büchern: „Die Landstorferbande – Eine wahre Kriminalgeschichte", „Tollkirschen im Blaubeersaft und andere wahre Geschichten von Mord und Totschlag", „Tod durch das Fallbeil – Der deutsche Scharfrichter Johann Reichhart (1893 bis 1972)", „Tod im Wald – Wahre Geschichten von Wilderei und Förstermord", „Veruteilt und hingerichtet", sowie „Emil Kettner: Lebensbild eines Mörders – Roman nach Tatsachen", sind auch im vorliegenden Buch Verbrechen wider das Leben nachgezeichnet, die in der Bevölkerung Erschauern und Verachtung hervorriefen.

Soweit das Gesetz es zuließ, wurden alle Tatpersonen zum Tode verurteilt. Bei Ablehnung von Gnadenanträgen durch die maßgeblichen Instanzen erfolgte die Urteilsvollstreckung durch Enthauptung mit dem Handschwert, mit der Guillotine oder durch Erschießen.

Die einzelnen Mordtaten umspannen einen Zeitraum von 1844 bis 1946 und demzufolge auch mit allen Verurteilungs- und Hinrichtungsarten.

Alle aufgeführten Mordfälle sind wahrhaft in Akten und Dokumenten amtlicher Institutionen verbürgt.

Dachau, im Juni 2004   Johann Dachs

Mord im Schulhaus

Landgerichtsbezirk Mitterfels

Sankt Martinstag, 11. November 1844

Die ersten zarten Strahlen der aufsteigenden Morgensonne lichte-
ten allmählich die über das Dorf hinweg ziehenden Nebelschwa-
den. Es schien ein schöner Tag des ausgehenden Herbstes zu werden. Die Bauernmenschen stimmte dieses heiter, denn seit Tagen
schon kündigten Schlechtwettervorboten dem „Waldlervolk" einen kalten, strengen und schneereichen Winter an. Ehe dieser,
wie die Jahre zuvor auch, wieder zu einer unfreiwilligen Ruhe
zwingen würde, wollten vielerorts die Menschen noch einmal aus-
giebig feiern und fröhlich sein.

So auch in Konzell, dem etwa 850 Bewohner zählenden Ort
nördlich der Donau, an der Grenze zwischen Vorderem und Mitt-
lerem Bayerischen Wald, etwas ostwärts der Linie Straubing–
Cham gelegen und angesiedelt in einer Hügellandschaft auf 621
Meter über dem Meeresspiegel. An „Sankt Martin", einem in
dörflicher Gemeinschaft hochgeschätztem kirchlichen Feiertag,
wurde allemal fröhliche Urständ gefeiert. Jung und Alt sahen deshalb auch den kommenden Ereignissen anstehender Festivitäten
erwartungsvoll entgegen.

Verkaufsstände und -buden waren aufgestellt, Marktschreier lock-
ten zum Kaufe an, und Manner- und Weiberleut, extra für den
Festtag fein gemacht, bestaunten das reichhaltige Warenangebot.
So manche kramten ihre angesparten Florin aus dem Lederzug-
geldbeutel hervor, erwarben ein Paar Arbeitstreter, eine Tabakdo-
se, ein Schultertuch oder einen Wollschal, meist zu einem Spott-
preis. Die rege Betriebsamkeit wurde abrupt unterbrochen, als die
Kirchenglocken zum Gottesdienst einluden.

Nach dem Hochamt tummelten sich die Leute auf dem Markt,
Freunde und Bekannte trafen sich im Wirtshaus oder im

Familienkreis zu einem Plausch, für den sie sich sonst nicht die Zeit nahmen.

Dem friedvoll angefangenen Tag folgte am frühen Abend der Schock über ein scheußliches Verbrechen, das sich im Schulhaus ereignet hatte: Maria Hahn, die junge Frau des Dorfschulmeisters, war tot. Von Mörderhand aus dem Leben gerissen. Erdrosselt in ihrer Wohnstube aufgefunden.

Hier beginnt nun in Teilen ergänzt und geordnet aufgeschrieben nach amtlichen Unterlagen und der Ortschronik von Konzell die darstellende Geschichte einer schrecklichen Verbrechenstat, wegen welcher Dominikus Hahn, Schulmeister in Konzell, vom Appellationsgericht für Niederbayern zum Tode verurteilt und in Mitterfels enthauptet wurde.

I. Vorleben

Dominikus Hahn, am 7. Februar 1808 als einziger Sohn des Dorfschulmeisters in Konzell geboren, wurde von frühester Kindheit an im Sinne seines gestrengen Vaters erzogen und unterrichtend darauf vorbereitet, auch Lehrer zu werden. Nach erfolgreicher Ausbildung diente er als Schulgehilfe an verschiedenen Orten zur vollsten Zufriedenheit seiner Vorgesetzten und bekam ausnahmslos beste Zensuren. Dieses stachelte seinen Ehrgeiz an, mit Zielrichtung auf seinen Geburtsort, dort einmal die Schulleiterstelle einzunehmen.

Dominiks Vater, über dessen Biographie nichts ausgemittelt werden konnte, starb 1840. Er vererbte dem Sohn annähernd 8000 Florin (= Gulden). Mit dieser Hinterlassenschaft als vermögend angesehen, übertrug die „Königliche Schulbehörde" Dominik 1842 die Schulmeisterstelle in Konzell. Freudigen Herzens zog er in der Heimat ins Schulhaus ein.

Mit dem Schuldienst, damals minder besoldet, war der Mesner- und Organistendienst in der Kirche verbunden. Als Entlohnung dafür standen dem Schullehrer von Konzell ansehnliche landwirtschaftliche Grundstücke zur Verfügung, die er eigenverantwortlich bewirtschaftete. Die Erlöse aus den Erträgnissen der Landwirtschaft und einer kleinen Viehhaltung flossen in seine Privatschatulle, aus der sämtliche Ausgaben zu bestreiten waren, die im Zusammenhang mit der Ökonomie anfielen.

Dominikus Hahn behielt eine nahe Anverwandte, die schon bei seinem Vater angestellt war, auch in seinen Diensten. Magdalena Hahn, 1816 geborene Söldnerstochter aus Pfarrleuten und ledigen Standes, führte nicht nur das Hauswesen, sie teilte auch mit dem Vetter in verbotenem Umgang das Bett. Selbst dann noch, als Dominikus im August 1843 die Wirtstochter Maria Lutz aus Cham ehelichte. Die ihm von einem Heiratsvermittler, einem sogenannten Schmuser, angetragene und jungfräulich in die Ehe hineingedrängte 25-jährige begehrte er nicht aus Liebe, ihm lag vielmehr daran, das Heiratsgut, ein nicht zu verachtendes „Gerstl", einzuheimsen.

Dummdreist, frech und widerborstig gegen Anordnungen der jungen Frau, kam es zwischen Herrin und Magd schon bald zu unüberbrückbaren Verdrießlichkeiten. Als Magdalena bei Dominikus zu intrigieren anfing, seine Frau sei träge, faul und schlampig, eskalierte der eheliche Zwist bis hin zur Forderung der Gedemütigten: die vermaledeite Dirn aus dem Haus zu schaffen.

Dominikus hielt an Magdalena fest. Keine andere als sie vermochte es, ihm in ihrer unersättlichen Gier und Verruchtheit das zu geben, was der Ehefrau unschicklich, sündhaft, ja verachtenswert erschien.

Dominikus, der Dienstmagd vollkommen hörig, entfremdete sich peu a peu der eigenen Frau. Der Öffentlichkeit blieb dieses nicht verborgen, und auch dem Pfarrherrn kam das schamlose Verhalten des Schulmannes zu Ohren. Als damaliger Lokalschulinspektor Vorgesetzter von Hahn, forderte Pfarrer Michael Linhard ein, den anrüchigen Lebenswandel zu ändern, da ansonsten die Entfernung aus dem Schuldienst drohe.

Von der Kanzel herab geißelte der Priester, dass im Ort Sodom und Gomorrha herrsche und die Sünder der gerechten Strafe Gottes nicht entgehen würden. Mit gesenkten Köpfen lauschte die Kirchengemeinde den harschen Worten des Geistlichen, wissend, wem sie galten. Der Hochwürdigste Herr zog mit seinem Donnerwetter den geballten Hass des Gemaßregelten auf sich. Jener glaubte sich, von nun an unter öffentliche Beobachtung gestellt.

Zu Weihnachten 1843 begann Pfarrer Linhard zu kränkeln. Seine Beine verdickten sich, im Bauch sammelte sich Wasser an. Der körperliche Verfall schritt sichtbar voran, und der Tod im Oktober des Jahres 1844 war eine Erlösung für den Dahinsiechenden. Eine rätselhafte Krankheit hatte ihn hinweggerafft. Die Sterbeurkunde vermerkte als Todesursache: Wassersucht.

Dominikus Hahn lebte ein zwiespältiges Leben zwischen zwei Frauen. Das ehebrecherische Verhältnis mit der Dienstmagd musste er verschleiern, die ihm angetraute Ehefrau liebte er nicht. Er befand sich in der fatalen Situation, gefesselt im Ehejoch und dabei einer beginnenden Zwangsneurose ausgesetzt. Diesem unerträglichen Zustand ein Ende zu bereiten, war ihm vordringliches Mühen.

Marias aufmerksamer Beobachtung entging nicht, wie Dominikus und Magdalena sich ohne Rücksicht auf ihre Anwesenheit wechselvolle, begierige Blicke zuwarfen. Obgleich sie lange schon ahnte, von den beiden schändlich betrogen zu werden, verlor sie nicht die Geduld, dieses gottergeben hinzunehmen. Der Querelen gab es ohnehin schon genug, warum sollte sie auf einen Verdacht hin das erkaltete Eheklima noch frostiger machen.

Die Lehrersfrau, gewohnt nicht nur freundlichen, sondern auch mitleidsvollen Blicken jener Leute im Ort zu begegnen, denen ihr Ehemartyrium nicht fremd war, hatte sich damit abgefunden, dass hinter ihrem Rücken getuschelt wurde. Allein dieses wäre Anlass genug gewesen, den Mann zu verlassen, wozu sie mehrere Male entschlossen war. Doch das Gelöbnis am Traualtar, zusammenzustehen in Freud und Leid, in guten wie in schlechten Tagen und sich zu lieben und zu ehren, bis dass „der Tod Euch scheidet", war für sie heilige Verpflichtung. Besser, sie setzte auf den Faktor Zeit, der alles wieder ins Lot bringen würde, sobald

Dominikus erfährt, dass er Vater werde. Seit einiger Zeit spürte sie nämlich neues Leben in sich heranwachsen.

II. Tatgeschehen

a) Vorbereitung

Die skandalträchtige Zweierbeziehung konnte Dominikus nicht länger aufrechterhalten ohne befürchten zu müssen, das Lehramt zu verlieren. Die Sorge um seine berufliche Zukunft ließ in ihm den Plan heranreifen, die Ehefrau zu beseitigen.

Dominikus zog seine Geliebte ins Vertrauen. Diese stellte sich bedingungslos an seine Seite und wurde treibende Kraft, seinen Mordplan umzusetzen. Sie schlug ihm vor, Maria zu vergiften. Er billigte dies. Fortan zog nun die Magd die Fäden und bestimmte den Geschehensablauf.

Maria aß, als Wirtstochter von Kindheit an gewohnt, gerne Brühsuppe. Magdalena mengte mehrmals Gift bei, denn die Lehrersfrau sollte schleichend den Tod erleiden. Diese Rechnung ging jedoch nicht auf, weil die Schwangere alles sogleich wieder erbrach.

Dominikus geriet in Rage. Jemand musste her, der ihm die schmutzige Arbeit abnehmen sollte, die Frau ins Jenseits zu befördern. Dieser Jemand war alsbald gefunden.

Magdalena, willfähriges Werkzeug zur Ausführung der hinterhältigen Untat, benannte ihren Bruder, einen verschlossenen Burschen, der zu so etwas tauge. Der Vorschlag gefiel Dominikus, denn beim Namen Egid klickte es in seinem Gehirn.

Egid Hahn, 1818 geboren, lediger Sägeknecht von Pfarrleuten, war dem Schullehrer in unangenehmer Erinnerung. Er hatte seinem todkranken Vater, bei dem er über einen längeren Zeitraum als Knecht arbeitete, kurz vor dessen Ableben 800 fl. gestohlen. 300 gab er dafür aus, sich vom Militärdienst freizukaufen, das Restgeld wollte er, vom schlechten Gewissen eingeholt, an den Erben zurückgeben. Weil der Diebstahl nicht bekannt geworden war und der Dieb sich nach Dominiks Ansicht freiwillig stellte, verzichtete er in großzügiger Spenderlaune auf die Rückzahlung und eine Anzeige bei der Gendarmerie. Als Gegenleistung forderte er fortan treue Ergebenheit.

Für den Tag „Simon und Juda" (28. Oktober 1844) bestellte Magdalena den Bruder, inzwischen tätig in einem Sägewerk in der Nachbargemeinde Haibach, zur Nacht nach Konzell zu einem Treffen. Gemeinsam gingen beide eine Wegstrecke hinab gen Streifenau, tunlichst darauf bedacht, von niemandem gesehen zu werden. Ohne Umschweife sprach Magdalena über Dominiks Besorgnis, mit seiner Frau nicht mehr hausen zu können und dass er sie deshalb „wegräumen" lassen wolle. Ihn, Egid, habe er als Vertrauensperson dazu ausersehen, es zu tun.

Über das unsittliche Ansinnen zutiefst erschrocken, schalt er die Schwester eine Närrin und Verrückte und erklärte, der Schulmann möge sich einen anderen Dummen suchen. Nicht um alles in der Welt werde er die Frau umbringen. Magdalena blieb trotz der in heftigem Zorn vorgebrachten brüderlichen Einwände unberührt, denn sie wusste, er würde letztendlich doch ihrem Willen erliegen.

Bis zum Allerheiligentag werde sie ihm einen Strick besorgen, ihn in den Keller des Schulhauses bringen und dort verstecken. Wenn dann sie und Dominikus die Kirchenglocken läuten, müsse er hinauf in die Stube gehen und die Lehrersfrau erdrosseln, wies sie ihn an.

Dem 26-jährigen trieb es den Schweiß aus allen Poren seines Körpers. Nie und nimmer hätte er der Schwester so eine Niedertracht zugetraut. Er verabscheute sie in diesem Augenblick. Um das Gespräch zu beenden, verlangte Egid, dem Lehrer auszurichten, er sei bereit, mit ihm am folgenden Nachmittag persönlich zu reden.

Sie trafen sich in Waldmenach. Die Unterredung brachte für Dominikus nicht das gewünschte Ergebnis, weil der Vetter sich hartnäckig weigerte, ihm zu Willen zu sein. Mit einer letzten Trumpfkarte gelang es ihm schließlich, Egid zum Nachdenken anzuhalten, wie er seinerzeit nach dem Diebstahl Großmut zeigte und ihn vor dem Kerker bewahrte. Dafür schulde er ihm ewige Dankbarkeit, das solle er nicht vergessen.

Egid lenkte ein und kam zu einer erneuten Zusammenkunft in die Frühmesse am Allerheiligentag nach Konzell. Dominikus köderte ihn mit einem großmundigen Geldversprechen, denn ihm bedeute sein ganzes Vermögen nichts mehr, wenn er noch länger mit Maria zusammenleben müsse. Egid stellte die Frage, ob Dominikus nach dem Hinscheiden seiner Frau nochmals heiraten werde. Mit gespielter Entrüstung verneinte er dieses. Nur noch gute Taten wolle er mit seinem Geld vollbringen und Gott um Gnade bitten. Weil, so gab er zu verstehen, jeder sündige Mensch Vergebung finden wird, auch wenn seine Arme bis hinauf zu den Ellbogen voll Blut sind, wenn er sich der Herz-Maria-Bruderschaft zu Rain einverleibt und Reue bezeigt.

Egid glaubte ihm seine Beteuerungen und wurde wegen so viel Gottergebenheit mürbe. Der Lehrer war denn auch ein gescheiterer Mann als er.

All dieses zusammen hätte indes nicht genügt, Egid für die Tötung der Lehrersfrau zu gewinnen. Ausschlaggebend für seinen Sinneswandel war letzthin der beiläufig eingeflossene erpresserische Hinweis, der Diebstahl könne allemal noch angezeigt werden und dann fände er sich im Zuchthaus wieder.

Dominikus beharrte darauf, die Frau noch am Abend umzubringen. Falls das Erdrosseln misslänge, müsse eben mit ein paar Messerstichen nachgeholfen werden, ergänzte er seine Anweisungen.

Magdalena brachte Egid unbemerkt in den Keller des Schulhauses, verkleidete ihn mit einem alten Sommerrock des verstorbenen Schulmeisters und trug ihm auf, nach der Tötung alle Schränke, Kästen und Truhen zu durchwühlen, damit es danach aussehe, als wäre ein Räuber dagewesen.

Als Herr und Dienstmagd, Geliebter und Geliebte, nach dem Einläuten des Abendgebetes ins Haus zurückkehrten, fanden sie alles unverändert vor. Maria saß strickend wie an jedem Abend auf der Ofenbank und sah nicht einmal auf, als beide in die

Wohnstube eintraten. Einer herben Enttäuschung folgte grimmiger Zorn auf Egid, weil dieser nichts unternommen hatte.

Egid, allein mit der Frau im Haus, verlor den Mut und rannte fluchtartig aus dem Keller davon. Er war die Skrupel nicht losgeworden, eine brave, anständige Frau hinmorden zu sollen, nur weil ihr Mann nicht davon lassen konnte, sie mit seiner lustbesessenen Schwester zu betrügen.

Bereits am frühen Morgen des nächsten Tages war Magdalena bei ihrem Bruder am Arbeitsplatz, lästerte über seine Feigheit und tat ihm kund, dass Dominik mit seiner Geduld am Ende sei. Einmal bekomme er noch Gelegenheit, seine Dankesschuld abzutragen: Am Martinitag müsse er die Frau „verräumen".

b) Tatausführung

Nach dem Gottesdienst füllte sich die Gaststube im Wirtshaus der Brauerei Klett in Konzell bis auf den letzten Platz. Die betuchteren Gäste bestellten sich zu Mittag „Martinsgansbraten", andere begnügten sich mit dem landesüblichen Schweins- oder Rinderbraten.

Dominikus und Magdalena verabredeten sich mit Egid für nach dem Mittagessen in den Stadel des Schulhauses. Die Schwester händigte Egid den Strick und abermals den Rock zur Verkleidung aus, der Lehrer redete aufs Lebhafteste auf ihn ein, schnellstens zu Werke zu gehen und nicht wieder zu versagen.

Als Lehrer Hahn mit dem 24-jährigen Schulgehilfen Martin Lohr im Gasthaus und die Base Magdalena bei der Nachbarin beim „Hoagascht" waren, schritt Egid zur Tat.

Die Lehrersfrau saß am Tisch in der Wohnstube und löffelte gerade ihre Suppe, als Egid eintrat. Sie erhob sich, ging auf ihn zu und fragte nach seinem Begehr. Ohne zu antworten, warf er ihr den Strick um den Hals, verknotete ihn und riss die Frau zu Boden. Einen wehen Seufzer vermochte sie noch auszustoßen, dann schnürte das Mordwerkzeug der Sterbenden die Kehle zu. Der Tod drückte seinen Stempel in ihr Gesicht. Die Zunge quoll aus dem Munde, sie atmete nicht mehr. Der Mörder überdeckte das

Opfer mit einem Bett, schmiss im Haus alles durcheinander, nahm des Lehrers silberne Uhr an sich und floh ins Wirtshaus nach Menach.

Im Klett'schen Wirtshaus ging es am Nachmittag hoch her. Der junge Schulgehilfe und Musikliebhaber saß inmitten ausgelassener Sangesbrüder. Denen war bekannt, dass Martin nicht nur die Orgel gut spielen konnte, sondern zur Gitarre auch stets ein fröhliches Liedchen trällerte. Die Zechkumpanen forderten ihn auf, mit seiner Klampfen die Gesänge musikalisch zu begleiten. Ohne zu zögern, lief er zum Schulhaus. Dort lagerte das Instrument. Dummerweise hatte er vergessen, seinen Hausschlüssel einzustecken. Vergebens läutete er nach der Hausfrau. Umherschauend gewahrte Lohr im Parterre ein offen stehendes Fenster, stieg hindurch, griff sich im Hilfslehrerzimmer das Saiteninstrument und verließ auf demselben Weg, den er gekommen war, das Haus mit für ihn fatalen Folgen.

Magdalena fieberte dem schicksalsträchtigen Ereignis sehnlichst erwartet entgegen. Immer öfter wanderte ein verstohlener Blick zur Wanduhr. Ihrem Empfinden nach schien die Zeit still zu stehen. Als dann aber der Uhrzeiger bei der siebenten Abendstunde stand, sah sie den Zeitpunkt gekommen, ins Schulhaus zurückzukehren. In der Stube erkannte sie sogleich die Lage. Erleichtert und befriedigt befand sie: Egid hatte die Tat vollbracht.

Ohne Verzug rannte sie zum Nachbaranwesen und schrie in gespielter Erregung hinaus, die Schullehrersfrau liege mit einem Strick um den Hals tot in der Stube. Man müsse den Mann holen. Dieser sitze im Gasthaus Klett, stieß sie keuchend hervor.

Im Gastraum der Wirtschaft herrschte Jubel, Trubel, Heiterkeit. Draußen war es schon dunkel, und die Stimmung trieb dem Höhepunkt zu, da trat der Schulhausnachbar mit versteinerter Miene durch die Tür der Gaststube und rief den Gästen ganz aufgebracht zu, im Schulhaus sei etwas Schauerliches passiert. Die Dienstmagd habe nach ihrer Heimkehr die Hausherrin tot in der Stube auf dem Boden liegend vorgefunden.

Gesang und Musik verstummten, die Leute waren geschockt. Dominikus Hahn, der dies mitgehört hatte, eilte scheinbar entsetzt davon, hinüber zum Schulhaus. Mit in sich gekehrter Freude registrierte er, dass der Vetter gute Arbeit getan hatte: Sämtliche Truhen und Schränke fand er aufgebrochen vor, deren Inhalte lagen wild verstreut umher. Lauthals bejammerte er den „Raubmord", beugte sich scheinheilig über die Leiche und presste ein paar Krokodilstränen auf deren Gesicht.

Die unmittelbar darauf angesetzten Ermittlungen örtlich zuständiger Gendarmen führten zunächst ins Leere. Sowohl der Lehrer als auch dessen Schulgehilfe verfügten ebenso über ein hieb- und stichfestes Alibi für ihren nachmittäglichen Verbleib wie Magdalena. Doch schon anderntags schien sich eine Sensation anzubahnen. Der Schulgehilfe wurde festgenommen wegen Mordverdachts. Er kam ins Landgerichtsgefängnis nach Mitterfels. Den Gendarmen war zugetragen worden, Lohr sei zur kritischen Nachmittagszeit am Tattag im Schulhaus gewesen und habe von dort seine Gitarre abgeholt. Grund genug, ihn der Untat zu verdächtigen.

Martin Lohr schilderte in einem peinlichen Verhör wahrheitsgetreu, weshalb und wie er ins Schulhaus gelangte, stellte aber energisch in Abrede, irgendetwas mit dem Mord zu tun zu haben.

c) Obduktion der Leiche

Nachdem ein noch am Tatabend herbeigerufener Arzt und der approbierte Bader des Dorfes am Leichnam eine tiefe Strangrinne oberhalb des Halses ausmachten, wurde eine gerichtliche Leichenöffnung vom Landrichter in Mitterfels angeordnet. Im Obduktionsbefund ist festgehalten (auszugsweise im Wortlaut):

„Maria Hahn starb des gewaltsamen Todes der Erdrosselung. Ein doppelt zusammengeschnürter Strick, um den Hals geschlungen, war an der Seite festgeknüpft.

Art und Weise der Misshandlung haben den Tod unmittelbar und allein verwirkt.

Es bestand Schwangerschaft.

In der Bauchhöhle befand sich ein 2 $\frac{1}{2}$ Pfund schwerer Fötus männlichen Geschlechts, welcher seiner ganzen Bildung nach eine Zeit von bereits ansteigenden fünf Monaten der Schwangerschaft anzeigte und dessen Ausbildung im blühenden Fortschritte betroffen gewesen war."

Unter großer Anteilnahme der Bevölkerung von Konzell und der aus der näheren Umgebung wurde Maria Hahn zwei Tage nach ihrer Ermordung auf dem Friedhof des Ortes beerdigt und beweint. Trauergästen und Neugierigen fiel die zur Schau getragene verzweifelte Trauer eines Mannes auf, über dessen seltsame Gemütsverfassung sich ein anwesender Gendarm eine Weile schon Gedanken machte. Er erkannte in ihm Egid Hahn, nahm ihn nach der Beerdigung beiseite und ins Verhör. Bei einer Leibesvisitation kam Dominik's silberne Taschenuhr zum Vorschein, die Letzterer genau wie auch 850 fl. als gestohlen gemeldet hatte. Egid, einer Tatbeteiligung verdächtigt, wurde festgenommen und ins Gefängnis nach Mitterfels eingeliefert.

Die Mühle der Gerechtigkeit begann zu mahlen. Der Landrichter von Mitterfels dachte etwas weiter als seine Gendarmen und forschte im Leben des verwitweten Lehrers Hahn. Die Honorationen im Dorf zu Dominikus Hahn befragt, zeigten plötzlich ihren Unmut gegen diesen, weil dessen liderliches Verhältnis mit seiner Base und Dienstmagd längst zu einem offenen Geheimnis geworden war.

Egid Hahn, in große Gewissensnot geraten, gestand, die Lehrersfrau getötet zu haben. Als erklärendes Motiv dafür führte er an, wegen des vor 4 Jahren an Dominiks Vater begangenen Diebstahls erpresst und zum Mord angestiftet worden zu sein.

Lehrer Hahn wurde daraufhin verhaftet.

Ein paar Stunden danach griffen Gendarmen auch Magdalena. Sie hatte sich nach dem Begräbnis im Stadel des Schulhauses versteckt gehalten. Bei ihr fanden sich die auch von Dominikus als gestohlen gemeldeten 850 fl.

Schulgehilfe Martin Lohr, durch die Geständnisse rehabilitiert, kam nach einem Tag und einer Nacht im Gefängnis wieder frei.

Dem mörderischen Dreigespann, in Einzelhaft hinter Schloss und Riegel, drohte wegen des von ihnen gemeinschaftlich begangenen Verbrechens eine harte Bestrafung. Dennoch dauerte es noch etwas mehr als zwei Jahre bis zur Urteilsfindung. Es waren Begleitumstände zum rätselhaften Tod des Pfarrers Linhard abzuklären, die sich aus Spekulationen der Ortsbewohner heraus aufgetan hatten.

Immer düsterer kursierten Gerüchte, dem Pfarrer sei ebenso wie der Lehrersfrau vor deren gewaltsamem Hinscheiden Gift eingeflößt worden. Neben Magdalena sah sich Dominikus im Verdacht, in den Messwein Gift gegeben zu haben. Die Leiche wurde exhumiert und obduziert, im Körper des Verstorbenen ließ sich tatsächlich Gift nachweisen. Da indes nicht geklärt worden war, wer letztendlich mit der Giftmischung den schleichenden Tod verursachte, fand eine Beurteilung darüber im späteren Mordprozess nur beiläufig seinen Niederschlag.

III. Das Urteil im Wortlaut

Wegen Verbrechens des qualifizierten Mordes durch Erkenntnis des „Königlichen Appellationsgerichtes für Niederbayern" vom 3. Februar des Jahres 1847 als schuldig befunden und zur Todesstrafe werden verurteilt:

Egid H a h n als V o l l b r i n g e r (Art. 45 Nro. I. Thl. I des St. G. B.)

Dominik H a h n als m i t t e l b a r e r U r h e b e r durch Auftrag und ausdrücklichen Rath (Nro. III ebendaselbst und Art. 16)

Magdalena H a h n dagegen als M i t u r h e b e r i n durch C o m p l o t t (Art. 50) wegen Verbindung mit ihrem Vetter Dominik Hahn.

Der Urteilsspruch wurde vom königlichen Oberappellationsgericht am 10. Juni 1847 bestätigt.

Eingereichten Gnadengesuchen an **SEINE KÖNIGLICHE MAJESTÄT** WURDE VERMÖGE ALLERHÖCHSTER ENT-

SCHLIESSUNG VOM 20. JULI 1844 nur bedingte **ALLER-HÖCHSTE GNADE** zuteil. Der Magdalena Hahn und dem Egid Hahn wurde die Todesstrafe erlassen und in Kettenstrafe nach vorausgegangener öffentlicher Ausstellung (Art. 7 bis 9, Thl. I des St. G. B.) gemildert, hinsichtlich des Dominik Hahn aber geruht zu erklären, daß **ALLERHÖCHST DIESELBEN** keine Gründe gefunden haben, die demselben zuerkannte einfache **TO-DESSTRAFE aus Gnade zu mildern.**

IV. Die Hinrichtung

Zwischen dem Moosmüller und Höfling befand sich seit den ältesten Zeiten die Richtstätte in Mitterfels. Die Hinrichtungsbühne war in einer Höhe von drei Metern, damit Zuschauer den Vollstreckungsvorgang gut sehen konnten. Die Hinrichtung war zum Zuschauerspektakel geworden. Tausende Neugieriger, unter ihnen eine große Anzahl Geistlicher Herren und Frauen mit Kindern auf dem Arm, verfolgten das Köpfen mit dem Handschwert.

Dem Delinquenten Hahn war nach Abweisung seines Gnadenantrages eine Dreitagesfrist bis zur Vollstreckung zugebilligt und eine Henkersmahlzeit gewährt. Als der Gefängnisbeamte diese Mitteilung Hahn überbrachte, sackte er weinend zusammen, betete anschließend viel und las in der Heiligen Schrift.

Obwohl nach altem Aberglauben Hinrichtungen an Montagen und Samstagen stattfinden hätten sollen, wurde der Vollstreckungstermin bei Hahn auf einen **Freitag, den 13. August 1847,** festgelegt. Um 9 Uhr am Vormittag holte die Exekutionskommission Hahn aus seiner Zelle und forderte ihn auf, sich zur letzten Fahrt bereit zu machen. Demütig erklärte er, die Schrecken des Weges als verdiente und letzte Buße auf sich zu nehmen. Willig ließ Dominikus sich vom Henker aus Eichstätt in das graue Sterbehemd kleiden, mit dem Strange gürten und die schwarze Schandtafel mit der Aufschrift:

Des Mordes und Todesstrafe schuldig

an die Brust hängen. Mit dem Sterbekreuz in der Hand folgte er dem Geistlichen aus Mitterfels zum Sündenkarren. Dieser, mit dem Fuhrmann auf dem Bock, dahinter der Henkersknecht mit dem Todeskandidaten und diesem gegenüber der Pfarrer, zur Tröstung ab und an ein Gebet sprechend, polterte durch das wie ausgestorben wirkende Dorf hinaus ins Freie zum Richtplatz. Die dort wartende Menschenmenge verstummte, als das Gefährt des Todes ankam. Ein Protokollführer verlas das Todesurteil, der Exekutionskommissär zerbrach einen schwarzen Stab und warf ihn zu Boden. Vom Geistlichen gestützt, stieg der Delinquent vom Wagen, taumelte mehr als er ging hin zum verhängten Verschlag unter der Hinrichtungsbühne, ließ sich die Augen verbinden, den Oberkörper entblößen und die Hände auf dem Rücken verschnüren. Pfarrer Lautenbacher erteilte ihm die Absolution, und Dominikus schritt sodann langsam und bibbernd die wenigen Treppenstufen hinauf. Dort kniete er auf einen roten, mit Blümchen bemalten Blutstuhl nieder. Der Henker stellte sich hemdsärmelig, barhäuptig und in roter Weste neben ihn, dahinter der Gehilfe des Scharfrichters in schwarzer Weste. Die Warnung des Henkersgehilfen, die Schulter nicht nach oben zu heben, da ihm sonst der Kopf an den Haaren hoch gezerrt und mit einem unter dem Kinn befestigten Riemen gehalten werden müsse, befolgte Hahn lammfromm.

Pfarrer Lautenbacher als Vorbeter, forderte die Zuseher auf, drei Vaterunser mitzubeten. Der Henker führte derweil einige zielende Lufthiebe gegen den Hals des Verurteilten, und bei den Worten: „… und vergib uns unsere Schuld" sauste das lange Henkerschwert im Kreisschwung gegen des Delinquenten Hals und trennte mit einem sicheren Schlag das Haupt des Mörders vom Rumpf.

Gellende Schreie und lautes Weinen, insbesondere der Frauen und Kinder, verfolgten das Spektakel und den Henkersknecht, der den abgeschlagenen Kopf zur Ansicht in die Höhe hob. Der Kopf war in eine mit Sägemehl ausgelegte Kiste gefallen, er wurde dem Leichnam auf die Brust gelegt.

Mit dem Armesünderkarren wurde die Leiche zum Friedhof gefahren. Zwei Männer aus dem Zuschauervolk übten ein Werk der Barmherzigkeit und trugen den Sarg in eine Friedhofsecke, wo der Henkersknecht den abgeschlagenen Kopf aus dem Sarg nahm und die Haare schor. Das Haupt des Hingerichteten wurde später in Wachs nachgebildet und noch lange auf verschiedenen Jahrmärkten und in der Anatomie zu München zur Schau gestellt.

Dominikus Hahn war der letzte zum Tode Verurteilte, der in Mitterfels mit dem Schwert geköpft wurde.

* * *

Egid Hahn verbrachte die Kerkerjahre in einem Münchner Zuchthaus. Gnadengesuche auf vorzeitige Entlassung wurden allesamt, zuletzt am 10. März 1887, abgelehnt.

Er ist im Zuchthaus gestorben.

Magdalena Hahn verstarb nach 36 Jahren Kettenstrafe am 7. April 1883 im Zuchthaus in Würzburg.

Mord aus
Eifersucht und Habgier
K. Bezirksamt Bogen

I. Polizeibericht

Gendarmeriestation   Mitterfels, den 12. November 1901
Mitterfels

An das K. Amtsgericht Mitterfels

Festnahme des ledigen Dienstknechtes **Johann Aschenbrenner und der Bauersfrau Maria Steinbauer** von Grub wegen Mordes. „Gestern Abend um 8 ½ Uhr gingen Bauer Wolfgang Steinbauer und Johann Söldner von Ellaberg, Gemeinde Gaishausen, vom Alten Bier von Rammersberg nach Hause.

In Hoch trennten sich ihre Wege und als beide noch eine kurze Strecke gegangen waren, hörte Söldner plötzlich einen Schuß. Heute früh wurde auf dem Weg in der Waldung zwischen Hoch und Grub Wolfgang Steinbauer von Grub erschossen aufgefunden.

Die durchgeführten Erhebungen führten zum Verdacht, daß Aschenbrenner den Steinbauer erschossen und erschlagen hat und ihn hierzu die Ehefrau des Verlebten angestiftet hat.

Aschenbrenner steht seit Lichtmeß dieses Jahres bei Steinbauer im Dienst und wird allgemein geredet, daß er mit der Bäuerin ein Liebesverhältnis unterhielt.

Steinbauer war in die Brust geschossen mit seinem eigenen Gewehr. Auf Transport ins Gefängnis gab die Steinbauer an: Gestern sagte der Knecht Aschenbrenner zu mir: Versprich dich doch einmal nach Altötting, dann bringst ihn – ihren Mann – schon an. Der Verdacht der Täterschaft lenkte sich deshalb sofort auf den Aschenbrenner und die Ehefrau des Ermordeten, weil es allgemein hieß, daß beide in geschlechtlichem Verkehr miteinander stehen. Auf Transport gestand die Steinbauer mir auch zu, daß sie mit dem Knecht ein Verhältnis hat und mit ihm geschlechtlich verkehre."

gez.: Unterschrift Stationskommandant

II. Vorgeschichte

Wolfgang Steinbauer, 1858 im Weiler Grub, Gemeinde Gaishausen, geborener Bauernsohn, hatte am 14. Juli 1885 die als Maria Bornschlegel am 1. November 1862 in Emmersdorf bei Vilshofen geborene Taglöhnerstochter geehelicht. Für beide war es keine Liebesheirat, sondern eingegangen als Zweck- und Vernunftehe. Er brauchte eine Hauserin, sie, vom Vater dem inzwischen selbständigen reichen Bauern zur Ehefrau angetragen, wagte es nicht, sich dem väterlichen Gehorsam zu widersetzen. Für arme Leute war es nämlich ehrenvoll, eine Tochter in ein Bauernanwesen einzuverheiraten. Persönliche Befindlichkeiten der unmittelbar Betroffenen hatten hintanzustehen, wenn es lockte, Herrin auf einem Bauernhof zu werden.

Maria kam ihren Aufgaben pflichtgemäß nach, fand aber, lebenslustig und heißblütig wie sie war, keine Erfüllung ihrer Wünsche und Träume in der ehelichen Gemeinschaft. Nur sehr selten kam es zur körperlichen Vereinigung und dann auch nur, weil der Mann die Beiwohnung als Pflichtübung ansah.

Als zu Lichtmess 1901 der Bauer den großen, kräftig gebauten und einigermaßen gut aussehenden 29-jährigen Johann Aschenbrenner in den Dienst nahm, schien die Welt der Bauersleute noch in Ordnung zu sein. Doch bereits nach einigen Wochen gärte massiver Unmut auf über das törichte Verhalten der Bäuerin, die ein besonderes Interesse an dem 10 Jahre jüngeren Dienstboten zur Schau trug. Als dieser merkte, die Bäuerin mache ihm Avancen, begann er, die nicht mehr ganz taufrische Frau zu begehren.

Im Herzen der Hals über Kopf in den Knecht verknallten Frau sprang ein Schloss auf. Johann gefiel ihr. Sein ungezwungenes

Wesen, sein Einsatz als Knecht zum Wohle der Herrschaft verdienten Anerkennung und Respekt.

„Wenn i nur net mehr an der Seitn des mürrischen und rücksichtslosen Menschen lebn müassat", redete sie sich ein. „Mia vertragn uns überhaupts nimma." Nichts ging mehr zwischen ihnen. Nacht für Nacht lag er, kalt wie eine Eisscholle, schnarchend neben ihr im Bett, während sie sich in wohllüstiger Hitze herumwältzte.

Johann Aschenbrenner reckte sich freudestrahlend empor, sobald die Bäuerin in seine Nähe kam. Einen eigentümlichen, besitzergreifenden Glanz nahmen seine Augen an, was der 39-jährigen nicht verborgen blieb. Sie selbst schuf mit aufmunternden Blicken bei ihm eine Begehrlichkeit, die er kaum noch zu unterdrücken vermochte. Seine Gedanken kreisten nur noch um die liebenswerte Person.

Aschenbrenner fürchtete sich vor jeder Nacht, die ihm in quälender Eifersucht den Schlaf raubte. Sein ganzes Trachten und Sehnen war darauf ausgerichtet, wie es ihm gelingen könnte, Maria an seine Seite zu binden.

Es war in einer der letzten Septembernächte. Steinbauer war, wie so oft in den letzten Wochen, volltrunken heimgekommen. Lauthals zettelte er einen Streit mit seiner Frau an, der in wüste persönliche Beschimpfungen ausartete. Der Knecht, der sich schlaflos auf seinem Strohsack von einer Seite zur anderen drehte, wurde hörbarer Zeuge der hässlichen Auseinandersetzung. Sein Blut geriet in Wallung. Wie gerne hätte er der Bemitleidenswerten beigestanden. Aber wie er auch rechnete und überlegte: Maria, die er immer mehr zu lieben begann, war das Eheweib des Bauern. Wie schön es doch wäre, gehörte sie ihm und er wäre selber der Herr auf dem Hof!

Der Knecht hörte ein leises Pochen an die Türe seiner Schlafkammer. Diese war nicht verschlossen und öffnete sich wie von Geisterhand berührt. Maria schlüpfte in das Bett zu Johann und ohne ein Wort miteinander zu reden, versanken beide ineinander in inniger Umarmung.

Fortan gab es für Aschenbrenner nur noch ein Ziel: Maria musste ihm gehören und damit auch der Hof. Dafür war er bereit, den verhassten Bauern zu töten.

Hatte sie ihm nicht selber schon zu erkennen gegeben, dass es besser wäre, es gäbe den Alten nicht mehr?

III. Geschehensablauf

Wolfgang Steinbauer, 43-jähriger Hofbesitzer im Weiler zu Grub, holte sein Sonntagsgewand aus dem Schrank, um es zu einer Festivität anzuziehen. Einmal im Jahr trafen sich die Mannerleut von Ellaberg, Grub, Hoch und Rammersberg zum „Alten Bier", einem ländlichen Fest im Spätherbst, bei dem es galt, alte Bierbestände aufzutrinken, ehe neuer Gerstensaft gebraut wurde.

Diesesmal war es die Karlsche Gastwirtschaft in Rammersberg, wo die einen zünftigen Schafkopf oder Tarock kartelten, andere Bier auswatteten oder d' Leut ausrichteten und wieder andere sich einfach nur mit Bier abfüllten. Man kannte sich untereinander, und keiner bekümmerte sich um die Mucken des anderen.

Als Wolfgang Steinbauer sich die Joppe überzog, stellte er verärgert fest, dass daran noch der Knopf fehlte, welcher vor einiger Zeit schon abgerissen verloren gegangen war. Erbost fauchte er Maria an: „Kreuzkruzitürken, muass i mi aitzand a no ums Knopfannähn soiba kümmern? Vor etla Tag hob i dir scho g'sagt, an der Joppn is a Knopf abg'rissn."

Die Frau tat, als habe sie den Zornesausbruch nicht wahrgenommen, ging einfach aus der Stube. Um vor den Bekannten im Wirtshaus nicht als schlampiger Pantoffelheld dazustehen, blieb ihm nichts anderes übrig, als selbst zu Nadel und Zwirn zu greifen. Im Nähkästchen suchte er nach einem adäquaten Hornknopf und nähte ihn an seinen Rock an. Bevor er das Haus verließ, drohte er dem in der Wohnstube anwesenden Knecht noch an, ihn davonzujagen, sollte er die Finger nicht von Maria lassen. Ihm war kürzlich von seinem Gevatter zugeflüstert worden, was inzwischen die Spatzen von den Dächern pfiffen: „Gangerl, dei Oide hat's mitm Knecht."

Aschenbrenner, dem es arg in den Fingern kribbelte, dem Grobian die Meinung zu geigen als dieser begann, auf die Frau einzubelfern, blieb ganz ruhig. Letztlich hatte ihn ja nichts anzugehen, was der Mann mit seiner Frau anstellte. Als Maria tränenüberströmt wieder in die Stubn eintrat, nahm er die vor seinen Augen so sehr Heruntergemachte in den Arm. Ein Gefühl bitteren Schmerzes durchzog sie. Flehend blickten die verweinten Augen den Geliebten an, als wollten sie ihm andeuten: „Mach dem unerträglichen Zustand ein Ende!"

* * *

Gut eine Dreiviertelstunde war Steinbauer unterwegs gewesen, als er eine viertel Stunde nach fünf Uhr am Nachmittag im Gasthaus in Rammersberg ankam. Dort war er bereits dringlich von seinem Gevatter, dem Bauern Johann Söldner von Ellaberg, und dem Bauernsohn Johann Fuchs von Rammersberg erwartet worden. Die Tarockkarten lagen bereits gemischt auf dem Tisch, das Spiel konnte ohne Verzug beginnen.

Steinbauer ließ sich von der Wirtswitwe Karl für seine mitgebrachte Laterne eine Kerze geben, ehe er sich zwischen halb und dreiviertel neun Uhr abends, ausnahmsweise nüchtern wie er gekommen war, auf den Heimweg begab. Dies bestätigten sowohl die Wirtin als auch seine Spielpartner später bei ihrer Einvernahme durch Beamte der Gendarmerie.

Eine kurze Wegstrecke begleiteten ihn der Mitspieler Fuchs sowie der Bauer Gütlhuber aus Rammersberg, eine viertel Stunde lang hingegen der Bauer Söldner. Nachdem beide sich gegenseitig eine „Gute Nacht" gewünscht hatten, trennten sich ihre Wege in Höhe des Kleingütlerhauses Loibl in Hoch.

Bauer Söldner, noch keine 5 Minuten allein weiter gegangen, befand sich gerade in einer mannshohen Hohlschlucht, als in nächster Nähe ein Schuss fiel. „Ballert der alte Hirsch schon wieder mit seim Revolver in der Gegend rum. Der wird a nimmer gscheiter." Söldner meinte, Steinbauer habe, wie öfter schon, aus Jux in die Luft geschossen. Er rief in die Schussrichtung: „Hierher, wenns verlegen ist." Diesen Ausdruck kannte er noch aus der Zeit seiner Manöverteilnahmen beim Militär. Als sich nichts mehr tat, schritt er weit ausholend seiner Behausung in Ellaberg zu. Dass sich mit dem Schuss ein menschliches Drama vollzog, dieses war ihm nicht in den Sinn gekommen.

* * *

Kaum hatte Wolfgang Steinbauer den Hof verlassen, machte sich Aschenbrenner über dessen Waffenschrank her. Er kannte die einzelnen Waffentypen, sein Interesse galt aber ausschließlich dem Lancestergewehr, einer „Centralfeuerflinte", mit großem Schrotkaliber. Die Bäuerin sah seinem Tun ohne Einwände zu, hatte aber das ungute Gefühl, der Knecht führe etwas Außergewöhnliches im Schilde. Nie war ihr indes der Gedanke gekommen, Johann treffe bereits die ersten Vorbereitungen, ihren Mann umzubringen.

Während Aschenbrenner an der Waffe herumhantierte und wie nebenbei eine Schachtel Schrotmunition in seine Joppentasche steckte, fragte Maria ihn ganz beiläufig: „Wos wuistn mitm Gwahr?" „Ach nix. I mog Waffen einfach gern. Und de Flintn is ebbas ganz b'sonders."

Nach einer Weile sagte der Knecht plötzlich zu ihr: „Was tatstn, wenns an Gangerl nimma geb'n taat?"

Etwas verwirrt sah sie den Fragesteller an.

„Wos woi? Heirat'n taat i wieda. Da Hof braucht doch an Herrn. Vielleicht warst nachand du da Bauer? Mit dir wars sowieso schöner ois wiea mit dem ‚Loamsieada‘."

Eine gespannte Atmosphäre breitete sich im Raum aus. Schlagartig erkannten beide, dass sie sich in eine peinliche Situation hineingeredet hatten und dasselbe wollten: Steinbauer beiseite zu schaffen.

Aschenbrenner schlich sich nach Einbruch der Dunkelheit mit dem Gewehr vom Hof. Er kannte ungefähr die Zeit, wann Steinbauer, vom Wirtshaus aus Rammersberg kommend, auf die

Waldabteilung „Schusterberg" zugehen werde. Dort passte er ihn mit der geladenen Schrotflinte ab.

Nicht lange befand er sich auf der Lauer, da trafen Opfer und Täter aufeinander.

„Wos lungerstn da rum, du räudiger Hund? Wuist wos vo mia?" Steinbauer hob seinen Hacklstecken, um auf den Knecht einzuschlagen. Da zog dieser den Abzug der gegen Steinbauers Brust gerichteten Flinte durch. Ein dumpfes Echo warf den Donnerhall des brechenden Schusses zurück, der bis in die knapp 1 Kilometer im Umkreis angesiedelten Weiler Ellaberg und Hoch gehört worden war.

Steinbauer fiel kopfüber auf Gesicht und Hacklstecken, begann laut zu röcheln. Um den sicheren Tod herbeizuführen, drosch Aschenbrenner dem Sterbenden noch etliche Male mit dem Gewehrkolben auf den Kopf. Danach vergrub er die Tatwaffe im Wald und ging zurück zum Anwesen.

Maria merkte es Johann sogleich an, dass etwas Schlimmes geschehen sein musste. Völlig apathisch setzte er sich an den Tisch, rührte das ihm kredenzte Abendessen jedoch nicht an. Ehe die Bäuerin an ihn mit Fragen herantreten konnte, offenbarte er sich selbst.

„I hob den Oiden wegg'ramt", stammelte er. „Morgn wird man findn, im Woid beim Schuastaberg."

Eine gespenstische Stille breitete sich im Raum aus. Dann begann Aschenbrenner zu reden.

„Falls d' Schandarm dich zu eam hinbringa, nimmst glei seine Sachen aus de Gwandtaschen. Vor allem an Geldbeutl. Es sollat ausschaung, ois wars a Räuber g'wen."

„Warum hostn eam de Sachn net soim abg'numma? Für dich wars einfacher g'wen. Ob i des no tuan werd' könna, i zweifl dran."

„Du hast leicht redn. I hob dazua koa Zeit nimma g'hod. Mich hätt' sonst ebba sehng könna."

***

Wolfgang Steinbauer wurde anderntags, am 12. November 1901, gegen 7 Uhr früh bei der zu seinem Anwesen gehörenden

Waldabteilung „Schusterberg" auf dem Gesicht und dem Hacklstecken liegend, mit durchschossener Brust und schweren Kopfverletzungen tot aufgefunden.

Die Obduktion der Leiche erbrachte nachstehenden, auszugsweisen und wesentlichen Befund:

1. Auf der Vorderseite der Brust eine durch ein aus nächster Nähe abgefeuertes Schrotgeschoß verursachte nahezu markstückgroße Einschußöffnung;
2. das Brustbein ist oben an seinem Handgriff durchschossen und gesplittert, die darunter liegenden großen Blutgefäße sind zerrissen;
3. das Lungengewebe im rechten Oberlappen ist durchlöchert;
4. im rechten Brustfell stecken Schrotkörner großen Kalibers, in der Schultermuskulatur finden sich Schrotkörner und ein Papierpfropfen;
5. der rechte Brustfellraum enthält einen halben Liter dunkles, flüssiges Blut;
6. die Abgabe des Schrotschusses muß ungefähr aus 40 bis 60 cm von der Körperoberfläche des Steinbauer erfolgt sein;
7. der Tod des Steinbauer ist durch den Schuß in die Brust verursacht worden;
8. am Kopf vorgefundene Verletzungen sind mit dem Gewehrkolben und erst nach dem Todesschuß zugefügt worden.

Die waffentechnische Untersuchung ergab, dass der Todesschuss aus einem Lancestergewehr, also Steinbauers Schrotgewehr, abgefeuert worden war.

IV. Täterschaft

Den objektiven Befunden bei der Leichenöffnung zufolge, insbesonders der schweren Kopfverletzungen, und weil bei dem Toten keine Waffe vorgefunden wurde, durften ein Unglücksfall oder Selbstmord definitiv ausgeschlossen werden.

Die Frage nach einem Raubmord stellte sich erst gar nicht, weil sich in den Gewandtaschen des Opfers sowohl der Geldbeutel mit

18 Mark Inhalt als auch andere Gegenstände wie Tabakpfeife, Messer und Rosenkranz fanden.

Ein Racheakt war nach den Erkenntnissen über die Person des Getöteten nicht in Betracht zu ziehen, denn Steinbauer war als ordentlicher, ehrlicher und friedvoller Mensch weithin bekannt und geachtet gewesen. Er hatte keine Feinde, die ihn auf den Tod hassten.

Dem allgemein bekannten Umstand Rechnung tragend, dass Maria Steinbauer ein ehebrecherisches Verhältnis mit dem Knecht unterhielt, erlaubte es letztendlich, das Verbrechen einer Eifersuchtstat zuzuordnen.

Die Ermittlungen erstreckten und konzentrierten sich schließlich auf eine gemeinsame Täterschaft von Aschenbrenner und der Steinbauer, bewusst und gewollt den Mord ausgeheckt und begangen zu haben.

Nach der Festnahme gestand die Frau ein, die Geliebte des Knechts gewesen zu sein, diesen aber weder direkt noch indirekt ermuntert zu haben, ihren Mann zu töten.

Aschenbrenner bestritt selbst dann noch, mit Maria Steinbauer geschlechtlich verkehrt zu haben, als ihm deren Aussagen bekannt gemacht wurden.

Bei den umfangreich geführten polizeilichen Ermittlungen war aufgekommen, dass Aschenbrenner bereits im jugendlichen Alter wegen Körperverletzung straffällig geworden war. Er hatte bei einer tätlichen Auseinandersetzung seinen Kontrahenten mit einem Terzerol angeschossen und ihn dadurch an der Gesundheit beschädigt. Das Amtsgericht Mitterfels ahndete diese Körperverletzung zu Gunsten Aschenbrenners lediglich mit 14 Tagen Gefängnis.

Die gegen Aschenbrenner gesammelten Tatbeweise reichten der Staatsanwaltschaft aus, gegen den Angeklagten auf Mord zu plädieren. Bei Maria Steinbauer revidierte der Anklagevertreter mangels Tatnachweises den Vorwurf, an der Tötung teilgenommen, oder dazu angestiftet zu haben. Stattdessen bemaß er ihren Strafbarkeitsgrund als Begünstigung.

Weil die Steinbauer in der Verhandlung eingeräumt hatte, Aschenbrenner habe sie nach der Tat mit seinem Eingeständnis überrascht, und weil sie anderntags bereits inhaftiert worden war, sah ihr Verteidiger den Tatvorwurf der Begünstigung als nicht erfüllt und forderte Freispruch für seine Mandantin.

Das Gericht entschied sich nach Abwägung aller Fakten der Beweiserhebung durch Zeugen und Sachverständigen, sowie der Glaubwürdigkeit der Angeschuldigten zu einer Verurteilung des Aschenbrenner und zum Freispruch für Maria Steinbauer.

V. Der Urteilstenor

Das Schwurgericht beim k. Landgerichte Straubing hat in seiner öffentlichen Sitzung vom 20. und 21. Januar 1902 folgendes

Urteil

erlassen:

Schwurgerichts-Register No. 10

Im Namen
seiner Majestät des Königs von
Bayern

erkennt das Schwurgericht bei dem k. Landgerichte Straubing in der Anklagesache gegen Aschenbrenner Johann, Dienstknecht aus Englmar und Genossin wegen Mordes u. a. zu Recht, wie folgt:

I. **Aschenbrenner Johann,** geboren am 27. Dezember 1872 in Englmar, Sohn der Inwohnerseheleute Johann und Katharina Aschenbrenner, letztere geborene Schuster, katholisch, ledig, Dienstknecht, zuletzt in Grub, vorbestraft, Ersatzreservist II, seit 12. November 1901 in Untersuchungshaft, wird

wegen eines Verbrechens des Mordes

zur **Todesstrafe**

sowie in die hierher treffenden Kosten des Verfahrens und der Strafvollstreckung verurteilt.

II. **Aschenbrenner Johann** wird der bürgerlichen Ehrenrechte auf Lebensdauer für verlustig erklärt.

III. **S t e i n b a u e r Maria,** geb. 1. November 1862 in Emmersdorf, Tochter des Wolfgang und der Anna Bornschlegel, letztere geborene Wanninger, katholisch, Bauerswitwe in Grub, nicht vorbestraft, seit 12. November 1901 in Untersuchungshaft

wird

von der Anklage eines Vergehens der Begünstigung unter Überbürdung der hierher treffenden Kosten des Verfahrens auf die Staatskasse

freigesprochen.

IV. Der gegen die Angeklagte Maria Steinbauer erlassene Haftbefehl wird aufgehoben.

V. Die Verfügung über die zu Gerichtshänden gekommenen Gegenstände wird einer gesonderten Beschlußfassung anheim gegeben.

Gründe

Vorstehendes Urteilt ist hinsichtlich des Johann Aschenbrenner vollstreckbar in Folge Ablaufs der Revisionsfrist.

Zur Beglaubigung
am 29. Januar 1902
Gerichtsschreiberei
des K. Landgerichts Straubing
gez. Unterschrift
k. Sekretär

Das Schwurgericht bei dem k. Landgerichte
Traunstein hat in seiner öffentlichen
Sitzung vom 20. und 21. Januar 1902
folgendes

Urteil

erlassen.

Schw. Ang. N° 10

Im Namen
Seiner Majestät des Königs
von Bayern

erkennt das Schwurgericht bei dem k. Landgerichte Traunstein in der Strafsache
gegen Aschenbrenner Johann, einschließlich
sein Zugehörer und Genossen wegen
Mordes u. s. w. zu Recht, wie folgt:

I. **Aschenbrenner** Johann, geboren
am 27. Dezember 1872 in
Traunstein, Sohn der Inhaber-
eheleute Johann und Katharina
Aschenbrenner, letztere geborene Schuster, katholisch, ledig, einschließlich, zuletzt in
Traunstein, vorbestraft, Zuchthaus-
zwanzig II. Cl. mit 12. Monaten,
der 1901 in Untersuchungshaft
steht

wird

wegen eines Verbrechens des Mordes
zur **Todesstrafe**,

sowie in die ihn treffenden Kosten
des Verfahrens und der Strafvollstreckung verurteilt.

II. Obskenbreier Josen wird der bürgerlichen ... auf Lebens-
dauer für unlässig erklärt.

III. **Steinbauer** Maria, geboren am
1. November 1862 in ...
dorf, Tochter des Wolfgang
und der ... Bornschlegl
... geborenen Waninger,
katholisch, ...
in ..., nicht vorbestraft
seit 12. November 1901 in
Untersuchungshaft

wird

von der Anklage eines Vergehens
der ... unter ...,
und der ihn treffenden Kosten des
Verfahrens auf die Staatskasse
freigesprochen

IV. Der gegen die Angeklagte Maria
Steinbauer ... Haftbefehl
wird aufgehoben.

V. Die Verfügung über die zu ...,

3

[handschriftlich] frenden gekommenen Gegenständen
wird einer gerichtlichen Beschlagnahme
ung erklärt gegeben.

Gründe:

Vorstehendes Urteil ist hinsichtlich des Johann
Aschenbrenner vollstreckbar
in folge Ablaufs der Revisionsfrist.
Zur Beglaubigung
am 29. Januar 1902

Gerichtsschreiberei
des K. Landgerichts Straubing

[Unterschrift]

38

Da Aschenbrenner auf das Rechtsmittel der Revision verzichtet hatte, stand ihm noch der Gnadenweg offen. Ein eingereichtes Gnadengesuch wurde wohlwollend zu seinen Gunsten entschieden, weil er sich nach Urteilskraft zur vorsätzlichen Mordtat bekannte.

Jm Namen Seiner Majestät des Königs
Luitpold
von Gottes Gnaden Königlicher Prinz von Bayern
Regent.

Wir finden Uns bewogen, die durch das Urteil des Schwurgerichts bei dem Landgerichte Straubing vom 21. Januar 1902 wegen eines Verbrechens des Mordes gegen den Dienstknecht Johann Aschenbrenner von Englmar ausgesprochene Todesstrafe aus Gnade in lebenslängliche Zuchthausstrafe zu mildern.
Hiernach ist das Weitere zu verfügen.
München, den 5. April 1902.
gez. Luitpold von Bayern
des Königreichs Bayern Verweser.

* * *

An den Herrn Oberstaatsanwalt	Dr. Freiherr v. Leonrod
bei dem Oberlandesgerichte München	
Die gegen den Dienstknecht Johann	Auf Allerhöchsten Befehl
Aschenbrenner von Englmar	Der Generalsekretär
ausgesprochene Todesstrafe betr.	gez. Unterschrift

 Nº 13558.

 535

Im Namen Seiner Majestät des Königs

LUITPOLD,

von Gottes Gnaden Königlicher Prinz von Bayern,

REGENT.

Wir finden Uns bewogen, die durch das Urtheil des Schwurgerichts
bei dem Landgerichte Straubing vom 25. Januar 1902 wegen eines Verbrechens des Mordes gegen den Dienstknecht Johann Aschenbrenner
von Eglsee ausgesprochene Todesstrafe aus Gnade in lebenslänglich
Zuchthausstrafe zu mildern.

Hiernach ist das Weitere zu verfügen.

München, den 5 April 1902.

Für den König der Regent

des Königreichs Bayern Verweser.

Frhr. Johr. Leonrod.

An den Herrn Oberstaatsanwalt
bei dem Oberlandesgerichte München.

Die gegen den Dienstknecht Johann Aschenbrenner
von Eglsee ausgesprochene Todesstrafe betr.

Betreff:
Der Vollzug der
gegen den Dienst-
knecht Johann
Aschenbrenner von
Englmar ausgespro-
chenen Todesstrafe.

Protokoll

Dem Gefangenen

Johann Aschenbrenner

wurde heute die allerhöchste Entschließung vom 5. laufd. Monats, wonach die durch Urteil des hiesigen
Schwurgerichts vom 21. Januar lJ wegen Verbrechens des Mordes gegen ihn
ausgesprochene Todesstrafe aus Gnade
in lebenslängliche Zuchthausstrafe gemildert wurde, durch Vorlesen eröffnet.
Eigenhändig unterschrieben von Johann Aschenbrenner:

Straubing, 9. April 1902

Der K. I. Staatsanwalt
gez. Burger

Mayr,
K. Secretär

* * *

**Einschließlich der Untersuchungshaft vom 12. November
1901 bis zur Aburteilung am 21. Januar 1902 zur Todesstrafe
mit anschließender Begnadigung zur lebenslänglichen Zuchthausstrafe verbrachte Johann Aschenbrenner 18 Jahre und
5 Monate in Gefängnishaft und im Zuchthaus.
Er verstarb noch nicht ganz 48 Jahre alt, am 9. April 1920 im
Zuchthaus Straubing.**

Protokoll

Dem Gefangenen

Johann Aschenbrenner

wurde heute die allerhöchste Entschließung,
ungarm 5. l. Mts, wonach die durch
Urteil des hiesigen Schwurgerichts
vom 21. Januar Ms wegen Verbrechens des Mordes gegen ihn ausgesprochene Todesstrafe aus
Gnade in lebenslängliche Zuchthausstrafe gemildert wurde,
durch Vorlesen eröffnet.
Lt. 24.

Johann Aschenbrenner

Straubing, 9. April 1902.

Der kgl. T. Hauptanwalt:

Maaß,
Kgl. Secretär.

Eine tödliche Begegnung

Bezirksamt Kötzting

Die 66-jährige Bauerswitwe Anna Maria Müller besaß in Wimbach, im damaligen Gemeindebereich Kreuzbach, ein Anwesen, das sie mit ihrem Sohn Johann bewirtschaftete. Beide lebten genügsam, bescheiden und zurückgezogen von dem, was Landwirtschaft und Viehhaltung hergaben. Die in ihrem Lebensumfeld wohlgelittene und geachtete Frau ging öfter in das Gemeindedorf Blaibach, um dort überschüssige Erzeugnisse zu ver- und andere Lebensmittel und Gegenstände des täglichen Bedarfs einzukaufen. Für Letztere zahlte sie mit dem Geld, das die Veräußerung von Eiern, Butter und Junggeflügel ihr einbrachte.

Sonntag, 25. Januar 1903. Die „Stögerin", dem Hausnamen nach so geheißen, kleidete sich der Jahreszeit angepasst und machte sich gleich nach dem Mittagessen auf den Weg nach Blaibach. In einen Flechtkorb hatte sie 2 Köpfel Schmalz gelegt, bestimmt für eine Freundin aus gemeinsamer Schulzeit. Diese kaufte ihr hin und wieder Butterschmalz ab und bezahlte dafür etwas mehr als der ortsübliche Ladenpreis war.

Ein leichtes Schneetreiben war aufgekommen, der „Böhmische", ein eisiger Ostwind, blies der in ein großes, wollenes Kopftuch eingehüllten Bäuerin unangenehm ins Gesicht. Sie stemmte sich dem entgegen, trotzte den Unbilden des kalten Winterwetters in der freudigen Hoffnung, mit der Marie Neumeier bei einem Schalerl Kaffee einen beschaulichen Nachmittag zu verbringen. Die Vorfreude wurde zunächst ein wenig getrübt dadurch, dass die Neumeier nicht gleich zahlen konnte, sie selber aber mit Barem gerechnet hatte. In dieser Erwartung bestärkt unterließ sie es bewusst, Geld aus der Heimschatulle mitzunehmen. Dessen ungeachtet schwelgten beide in gemeinsamen Erinnerungen, die längst zur Vergangenheit zählten.

Es waren schöne Stunden gewesen, die allzu schnell vergingen. Wieder begann es zu schneien, und, obwohl erst halb vier Uhr am Nachmittag, deutete sich hereinbrechende Dunkelheit an. Zeit für die Müller, nach Hause zu gehen. Zuvor ging sie aber noch in die nahe gelegene Stoiber-Bäckerei und kaufte Semmeln und Knödelbrot. Sie schämte sich schier, die Bäckersfrau angehen zu müssen, anzuschreiben.

„Bittschön, Stoiberin, sei so guat und schreib an, was ich kauft hab: D' Neumeier Marie hod mi heit net zahln könna, erst wenn i wieder zu ihr kimm, gibts ma's Geld. I zahl scho, wann i wieder herkimm, kannst dich drauf verlass'n."

Die Bäckersfrau schrieb die gestundeten 1 Mark und 20 Pfennig in ihr Erinnerungs- und Mahnbücherl, und die Müller trat den Heimweg an. Wie sich später herausstellte, war es gut gewesen, den Namen der Müller mit Datum im Bücherl stehen zu haben, so konnte sie mit Sicherheit sagen, dass die Getötete kein Geld mit sich geführt hatte.

Um 4 Uhr verließ Anna Maria Müller Blaibach, strebte auf dem Weg über Kreuzbach–Untergschaid–Wimbach schleunigst nach Hause zu kommen, erreichte das Ziel jedoch nicht mehr. Ein unerbittliches Schicksal führte zu einer Begegnung mit einem Menschen, den sie von Kindheit an kannte und der sie tötete.

Als um 9 Uhr am Abend die Mutter noch nicht zurück war, geriet Johann Müller in große Besorgnis. Noch keinmal war sie länger als bis höchstens zum Nachtessen um 6 Uhr weg geblieben. Es schien ihr etwas zugestoßen zu sein. Er zog sich eine Winterjoppe über, schlüpfte in feste Stiefel und stapfte im Neuschnee los, die Mutter zu suchen.

Sternenklarer Himmel beschien die Umgegend und bot eine klare Sicht. Nicht weit vom Hof entfernt, auf dem Fahrweg zwischen Untergschaid und Wimbach, sah er sie quer über der Straße liegen. Der Kopf hing am Wegrand unter einem Weißdornbusch, zu den Füßen der umgekippte Korb, und auf dem Boden lagen verstreut heraus gefallene Semmeln. Unter dem Körper zeichnete sich im Schnee ein größerer Flecken gefrorenen Blutes ab. Dem Augenschein nach war die Bäuerin mit Messerstichen getötet worden.

So schnell er es vermochte, rannte Johann Müller zu den Nachbarsleuten Eckl und Fischl aus Untergschaid. Die Angst schnürte

AN DIESER STELLE WURDE ANNO 1903
AM 25. JANUAR DIE LANDWIRTSEHEFRAU
ANNA MARIA MÜLLER
AUS WIMBACH IM OÖ. LEBENS JAHR DURCH
VIELE MESSERSTICHE GRAUSAM ERMORDET

Marterl an der Mordstelle von Anna Maria Müller
(Privatfoto von Frau Maria Bentele, Ebersberg)

ihm fast die Kehle ab, als er schreckensbleich im Gesicht herunterstotterte, was mit seiner Mutter geschehen war. Er bat darum, die zuständige Gendarmerie in Kötzting zu verständigen und ihm dann bei der Bergung der Leiche zu helfen.

Mit Karbidleuchten suchten sie den Fundort der Leiche nach verdächtigen Spuren ab. Sie fanden die Handschuhe der Toten und zahlreiche Fußabdrücke, die darauf hinwiesen, dass der Täter dem Opfer nahe der Dornenhecke begegnet sein musste. Über die Größe der Ab- und Eindrücke stand die Vermutung im Raum, dass es sich bei dem mutmaßlichen Verbrecher um eine kleingewachsene Person handle. In Verdacht geriet sofort der erst seit dem 11. November 1902 aus dem Zuchthaus Kaisheim entlassene 26 Jahre alte Xaver Schreiner aus Anzenberg.

Bei der Obduktion der Leiche stellten die Gerichtsmediziner fest:

1. Hautabschürfungen und kleinere Quetschungen im Gesicht,
2. 15 Messerstiche an verschiedenen Körperstellen. 6 Stiche waren in die Brust geführt, 2 davon drangen in die Lunge ein, 1 Stich durchbohrte das Herz. Der Tod trat wegen des Herzstiches infolge sofortiger innerer Verblutung ein.

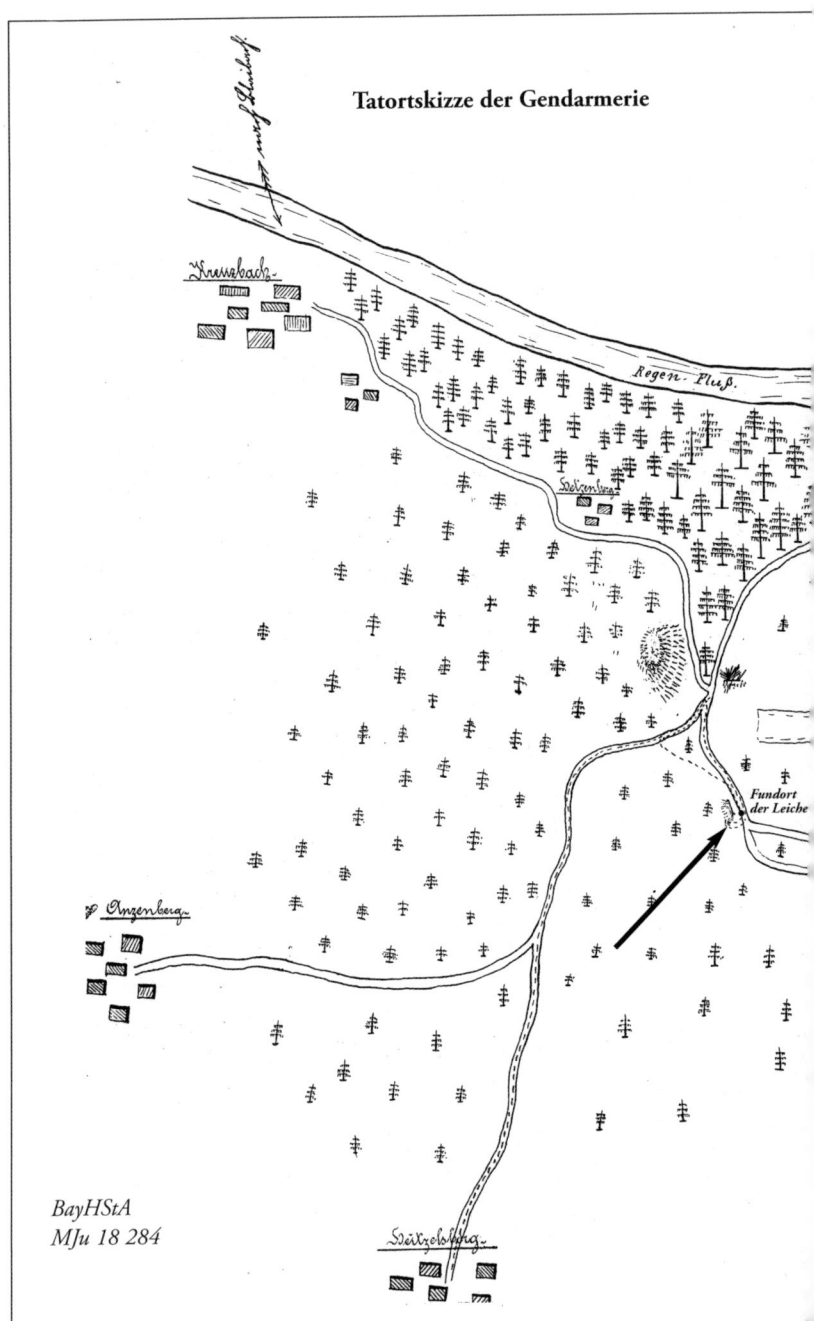

Tatortskizze der Gendarmerie

Kreuzbach

Regen-Fluß.

Belzenberg

Fundort der Leiche

Anzenberg

BayHStA
MJu 18 284

Drötzelsding

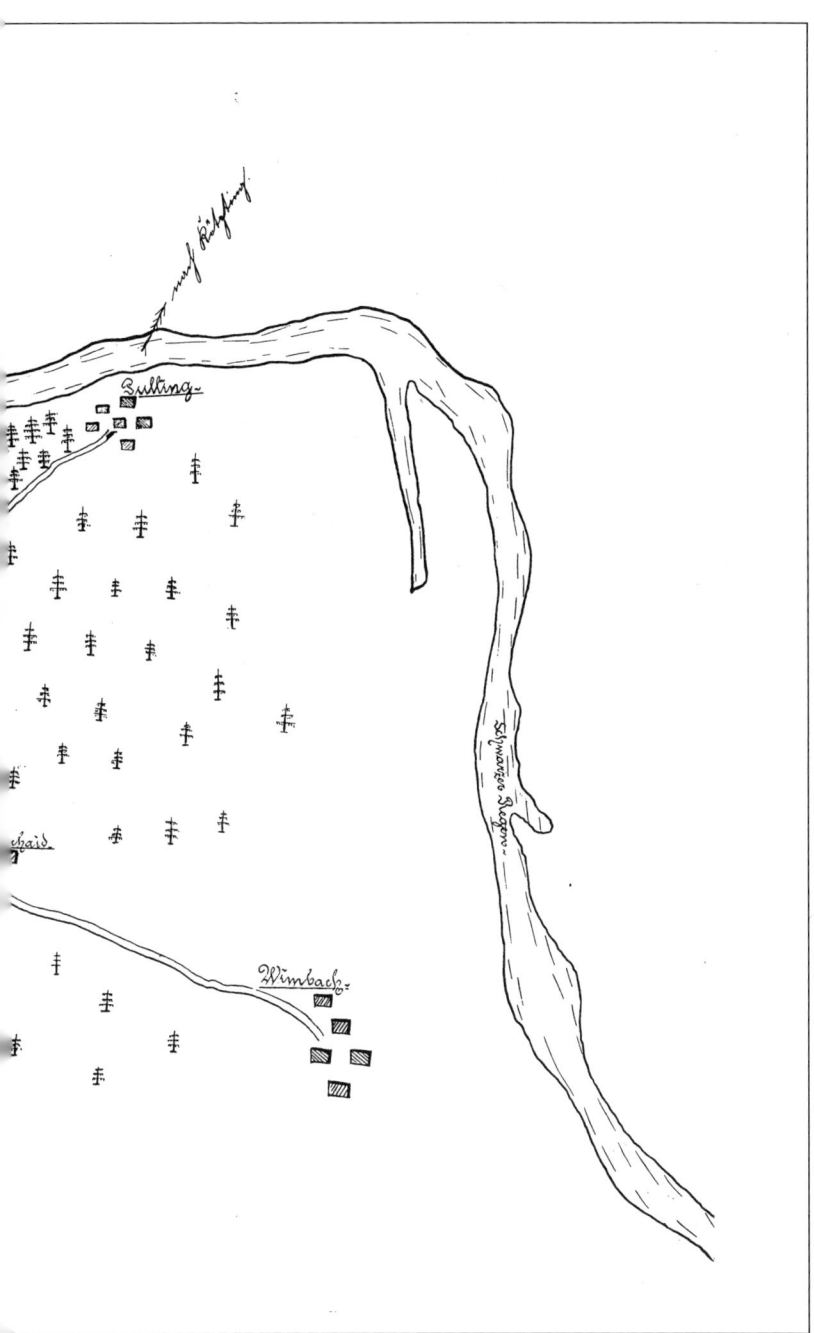

Sulting-

nach Kötzting

Wimbach-

Schwarzes Regen-

chaid

I. Täter und Tathergang

Bereits am 26. Januar 1903 nahmen die Gendarmeriebeamten Hirmer und Stangl von der Gendarmeriestation Kötzting den tatverdächtigen, im 27. Lebensjahr stehenden Häuslerssohn Xaver Schreiner in seiner Behausung in Anzenberg fest. Der kleinwüchsige, nur 1,43 Meter messende bartlose Knirps mit auffallend dickem Kopf, kräftig entwickeltem Körperbau und trotzigem Aussehen, zeigte den Gendarmen gegenüber ein freches Benehmen. In rüpelhaftester Weise gebärdend, forderte er das Vorzeigen eines Haftbefehls.

Die Beamten waren gezwungen, den renitenten Arrestanten unter Anwendung zulässiger körperlicher Zwangsmittel dem Untersuchungsrichter in Kötzting zuzuführen, der daraufhin gegen Schreiner Haftbefehl erließ und ihn in Untersuchungshaft nahm.

Der am 4. Juni 1876 in Anzenberg, Bezirksamt Kötzting, geborene ledige Häuslerssohn war für Behörden, Polizei und Justiz kein unbeschriebenes Blatt. Er hatte schon mehrmals vor Gericht gestanden:

Am 20. Juni 1897 verübte er auf der Landstraße unweit von Viechtach einen Straßenraub. Mit gezücktem Messer und der Androhung, sie im Widersetzungsfalle zu erstechen, nahm er einer 75 Jahre alten Köchin aus Viechtach den Geldbeutel gewaltsam weg. Die Beute waren 5 Mark und 60 Pfennige. Wegen dieses Verbrechens verurteilte ihn das Schwurgericht Straubing unter Einbeziehung von Urteilen der Schöffengerichte Viechtach vom 27. Juli 1897 und Mitterfels vom 11. August 1897, sowie einem weiteren erneuten Urteil des Schöffengerichts Viechtach, jeweils wegen Diebstahls und Betrugs, am 26. Oktober 1897 zu einer **Gesamtzuchthausstrafe von 5 Jahren.** Die Strafe verbüßte er im Zuchthaus Kaisheim. Wegen dauernder Streitigkeiten mit Mitgefangenen und Tätlichkeiten gegen diese stand er alsbald unter besonderer Beobachtung. Als sich dann Gehorsamsverweigerungen gegenüber dem Aufsichtspersonal anhäuften, erhielt er mehrfach Dunkelarreste zudiktiert.

Wegen dieser Entgleisungen und einer besonderen Gefährlichkeit für die öffentliche Ordnung stellte ihn das Bezirksamt Kötzting mit Bescheid vom 4. November 1902 noch vor der Entlassung aus dem Zuchthaus am 11. November 1902 unter Polizeiaufsicht mit der Auflage, sich regelmäßig bei der zuständigen Gendarmerie zu melden und eine vorgegebene Aufenthaltsbeschränkung nicht zu brechen.

Schreiners Entlassung erfolgte auf eigenen Wunsch nach Anzenberg. Die verwitwete Mutter hatte der Aufnahme in ihren Haushalt zugestimmt, trotz erheblicher Widerstände anderer Familienangehörigen. Zu gut war diesen noch in Erinnerung, dass der kleine dickschädlige Bursche von frühester Jugend an hinterlistig, habgierig und gefährlich war, was soweit führte, dass sich die Mutter nicht mit ihm allein im Hause zu schlafen getraute.

„Den Xaverl werns scho kirre und zu am anständigen Menschen g'macht hom." Mit dieser Meinung begegnete sie allen Mahnungen, allzu vertrauensselig zu sein. Wie hatte sie auch wissen können, dass der Xaverl als ungebessert beurteilt durch das Zuchthaustor in die Freiheit schritt.

Bei seiner Entlassung bekam Schreiner für die während der Haftzeit geleistete Arbeit einen Entschädigungsbetrag von 113 Mark ausbezahlt. Von diesem Geld besaß er am 25. Januar 1903 noch 40 Mark. Mit dieser Summe in der Tasche ging er frühmorgens zum Jahrmarkt nach Kötzting. Nachdem er sich eine zeitlang umgesehen hatte, kaufte er sich eine Lodenjoppe und geräuchertes Pferdefleisch. Danach begab er sich in die Gastwirtschaft zur Eisenbahn und zechte nachweislich bis gegen halb vier Uhr am Nachmittag. Zu welch genauer Zeit er Kötzting verlassen hatte, um nach Anzenberg zurück zu gehen, ließ sich nicht feststellen. Es fanden sich keine Zeugen, die Schreiners Version hätten widerlegen können, um 4 Uhr nachmittags aus Kötzting weggegangen zu sein. Gerade eine genaue Zeitangabe wäre hier wichtig und hilfreich zur Rekonstruierung des Tatzeitpunktes gewesen. 2 Personen hingegen bestätigten, Schreiner gegen dreiviertel fünf Uhr an dem Wegteiler: links nach Untergschaid und rechts nach

Anzenberg–Heitzelsberg gesehen zu haben, was bedeutete, Schreiner und die Anna Maria Müller hatten dort zusammengetroffen sein können.

Die Gendarmeriebeamten hatten zügig und gewissenhaft recherchiert. Sie fanden heraus, dass

1. die genauen Abmessungen der Spuren am Tatort und die gerippten Eindrücke im Schnee zu Schreiners am Tattag getragenen Schuhen passten,

2. ein in der Nähe der Leiche aufgefundenes Stück Pferdefleisch von Schreiner stammen musste,

3. die Aussage Schreiners über die Uhrzeit bei seinem Heimkommen falsch war,

4. ein namentlich ausgemittelter Kötztinger Bürger, zur selben Zeit Gast in der Wirtschaft zur Eisenbahn, beobachtete, wie Schreiner vergeblich versuchte, ein Stilett gegen ein Taschenmesser zu tauschen und dazu noch Aufgeld haben wollte.

Bei einer Hausdurchsuchung in Anzenberg fanden die Beamten auf dem Dachboden eine offensichtlich gewaschene Hose vor, die nach Aussagen eines männlichen Angehörigen Xaver Schreiner am Tattage trug.

Auch die Behauptung Schreiners, auf dem Jahrmarkt in Kötzting kein Pferdefleisch gekauft zu haben, widerlegte eine Zeugenaussage definitiv.

In einer ausführlichen Vernehmung nach Vorliegen des beweiserheblichen Ermittlungsergebnisses gestand Schreiner schließlich, die Anna Maria Müller erstochen zu haben.

„Ja, ich habe der Müller die tödlichen Verletzungen beigebracht. Dies habe ich nicht getan, um sie zu berauben, sondern es geschah bei einer Streitigkeit. Ich habe nicht die Absicht gehabt, das Weib umzubringen.

Als mir an der Wegkreuzung ein Schuhbandl aufging, habe ich mich gebückt, um es zuzubinden. In dem Augenblick ist die Müller von Blaibach her gekommen und hat mich absichtlich mit dem Tragkorb derart angestoßen, daß ich kopfüber zu Boden

50

gefallen bin. Dann hat sie hämisch gelacht. Mir schwoll der Kamm an, ich habe mich richtig geärgert und sie auf den Kopf geschlagen. Wie ich weiter in Richtung Anzenberg gegangen bin und die Müller auf Untergschaid zu, hat sie auf mich zurück geschimpft und mich einen Zuchthäusler genannt. Weil ich einen Rausch gehabt habe, bin ich richtig narrisch geworden und ihr quer durch das Wäldchen nachgelaufen. Wir rauften miteinander, dann habe ich das Messer gezogen und das böse Weiberleut gestochen ohne darauf zu schauen, wohin ich treffe. Nachher bin ich davon gerannt und habe das Messer in den Wald hinein geschleudert. Gestohlen habe ich der Müller kein Geld. Ich habe ihr nicht einmal in die Kitteltasche hinein gelangt.“

Der federführende Staatsanwalt bezeichnete Schreiners Darstellung als Lügengewebe. Seiner Ansicht nach habe dieser vermutet, bei der ihm bekannten und als wohlhabend geltenden Bauersfrau Geld zu finden, verbarg sich deshalb hinter der Dornenhecke als er sie daherkommen sah und überfiel die Ahnungslose. Dann stach er sie nieder, raubte ihr die Geldbörse und versteckte diese zusammen mit dem Messer an einem nicht entdeckten Ort.

Die Strafkammer des Landgerichts Straubing machte sich diese Anschauung zu eigen und eröffnete gegen den Untersuchungsgefangenen Schreiner das Hauptverfahren vor dem Schwurgericht wegen **Mordes und Raubes.**

In der schwurgerichtlichen Hauptverhandlung am 13. und 14. März 1903, die keine neuen Gesichtspunkte einbrachte, wiederholte der Angeklagte Schreiner seine in der Voruntersuchung gemachte Aussage und versicherte aufs Neue, er habe die Müller weder töten wollen noch habe er ihr etwas weggenommen.

Obgleich durch die Zeugin Stoiber einwandfrei erwiesen war, dass die Getötete mangels Bargeld bei ihr anschreiben ließ, rückte die Anklagevertretung von der selbstgeflochtenen Raubtheorie nicht ab, die Geschworenen erklärten Schreiner im Sinne des Eröffnungsbeschlusses für schuldig.

II. Die Verurteilung

Unter Einbeziehung eines Verbrechens des einfachen Diebstahls im Rückfall fällte das Schwurgericht am kgl. Landgericht Straubing am 14. März 1903 nachstehendes

Urteil

Schreiner Xaver, geboren 4. Juni 1876, katholisch, lediger Häuslerssohn von Anzenberg wird wegen eines Verbrechens des Mordes in rechtlichem Zusammenhang mit einem Verbrechen des erschwerten Raubes und wegen eines Verbrechens des einfachen Diebstahls im Rückfalle
zur Todesstrafe
und zur Zuchthausstrafe von 2 Jahren, sowie in die Kosten des Verfahrens und der Strafvollstreckung verurteilt. Derselbe wird der bürgerlichen Ehrenrechte auf Lebenszeit für verlustig erklärt.

Gegen dieses Urteil hat sowohl Schreiner selbst als auch dessen Verteidiger am 21. März 1903 die Revision eingelegt, welche jedoch seitens des Reichsgerichts mit Urteil vom 18. April 1903 verworfen wurde; demnach trat Rechtskraft des Urteils ein.

Am 1. Mai 1903 erstattete der kgl. I. Staatsanwalt beim Landgericht Straubing an den kgl. Oberstaatsanwalt beim Oberlandesgericht München „vorschriftsgemäß Bericht behufs Sachverhaltsdarstellung und Würdigung des Überführungsbeweises gegen den Verurteilten Xaver Schreiner nach dem Ergebnis der Voruntersuchung und beziehungsweise der mündlichen Verhandlung vom 13. und 14. März sowie der nachher noch weiterer gepflogenen Erhebungen und endlich zur Frage der Vollstreckung des ergangenen Todesurteils".

Der Anklagevertreter beleuchtete in einem 55-seitigen Dossier das Tatgeschehen und ausführlichst die Person des zum Tode Verurteilten und beharrte auf der fixen Idee, der Abgeurteilte habe **vorsätzlich und überlegt die Tat begangen, die äußerst feige, tierisch wild und grausam** war. In den Vordergrund der Schuldbewertung stellte er Fehlverhalten Schreiners in der Kinder- und Jugendzeit sowie seine Renitenz während der Strafverbüßung im Zuchthaus Kaisheim.

Durften diese Vorkommnisse Bewertungsmerkmale gewesen sein, um sie als Schuldzuweisung in die Anklage einzubringen?

Bei aufmerksamer und überlegter Lesart des Rapports konnte sehr leicht der Gedanke aufkommen, die Staatsanwaltschaft hatte all das aufgelistet, was Schreiner nur nachteilig, der Anklagevertretung dagegen zur Rechtfertigung eines fragwürdigen Bestrafungsantrages diente.

Gewiss, Schreiner war den Umständen nach ein Verbrecher, der eine schwere Vorstraftat begangen hatte, dafür abgeurteilt worden war und die Strafe verbüßte. Im Tötungsfalle Müller schien vergessen worden zu sein, ausschließlich nach Fakten und der goldenen Regel: In dubio pro reo (im Zweifelsfalle für den Angeklagten) zu plädieren.

Wenn die Handlung des Schreiner auch zum Tod der Bauersfrau Müller geführt hatte, für einen vorsätzlichen, überlegten Raubmord gab es keine untrüglichen, einwandfreien Beweise. Es fehlten einfach Tatzeugen. Schreiner hatte eingestanden, die Bäuerin mit Messerstichen traktiert und getötet zu haben. Dieses schob er einem Zornausbruch zu, nachdem ihn die Müller beschimpft und mit ihm gerauft hatte. Der Toten eine Geldbörse mit unbekanntem Inhalt geraubt zu haben, bestritt er indes energisch.

Eine vermeintliche Unglaubwürdigkeit hätte nicht davon abhalten sollen, die Aussagen Schreiners zumindest einer günstigeren Würdigung zu unterziehen. Dann wäre es möglicherweise nicht zur Verhängung der Todesstrafe gekommen, hätte die im Sachstandsbericht abschließende, bezeichnende Feststellung Platz gegriffen:

„Schreiner würde einer Begnadigung keineswegs würdig erscheinen, wenn nicht doch eine sehr ferne liegende Möglichkeit bestünde, daß es sich eher **um einen Totschlag denn eines Raubmordes** handle. Lediglich mit Rücksicht hierauf gehe demnach **mein Gutachten** dahin:

Es sollte die gegen Schreiner ausgesprochene Todesstrafe in eine lebenslange Zuchthausstrafe gemildert werden."

Der kgl. I. Staatsanwalt
gez. Unterschrift

Hier wurde schon ein Begnadigungsvorschlag unterbreitet, noch ehe vom Verurteilten Schreiner ein Gnadenantrag gestellt worden war. Denn zunächst verlangte er ein Wiederaufnahmeverfahren seines Prozesses.

III. Antrag auf Wiederaufnahme des Verfahrens

Am 8. Mai 1903 gab Xaver Schreiner aus der Frohnfeste (Burggefängnis) in Straubing dem Gerichtsschreiber des kgl. Landgerichts zu Protokoll:

Mit nunmehr rechtskräftigem Urteil des Schwurgerichts beim kgl. Landgericht Straubing vom 14. März 1903 wurde ich wegen Verbrechens des Raubmords und wegen Verbrechens des Diebstahls zur Todesstrafe und zur Zuchthausstrafe von 2 Jahren verurteilt.

Da ich wegen des Raubmords, wie ich behaupte, **„überstraft"** wurde, insoferne als ich einen Raubmord überhaupt nicht begangen habe, weil ich die Maria Müller weder mit Überlegung getötet, noch dieselbe beraubt habe, **beantrage ich, soweit ich wegen Raubes und Mordes bestraft, die Wiederaufnahme, des oben erwähnten Strafverfahrens zu meinen Gunsten.**

Ich vermag keine Beweismittel zu benennen, aus denen die Annahme geschöpft werden könnte, daß ich nur einen Totschlag begangen habe, dennoch aber glaube ich, daß eine Nachprüfung der Akten den Erfolg haben wird, daß es zu einer neuen Verhandlung kommt, die sicher nicht mehr zur Verurteilung wegen Raubmordes, sondern nur wegen Totschlags, dessen ich mich aufrichtig **schuldig** bekenne, führen wird.

Mein Antrag geht demnach dahin, „es wolle das Gericht einen Richter mit der Vornahme einer ganz neuen Untersuchung beauftragen und nach dessen Durchführung die Wiederaufnahme des Verfahrens und die Erneuerung der Hauptverhandlung beschließen".

Xaver Schreiner gem. § 406 der R. St. P. O. (Reichsstrafprozessordnung) belehrt, erkärte:

„Ich bestehe auf Aufnahme vorstehenden Antrages und verlange, daß derselbe in den Gerichtseinlauf gelange."

v. g. u. (vorgelesen, genehmigt
und unterschrieben)
gez. Schreiner Xaver
gez. Nirschl
kgl. Sekretär

(Siegel)

Abschrift

19850

Gerichtsschreiberei
des k. Landgerichts Straubing.

Straubing, 8. Mai 1903.

Betreff:
Strafverfahren gegen
Xaver Schreiner von
Regensburg,
wegen Raubmordes z. a.
zur Wiederaufnahme des
Verfahrens.

Fr 9. Mai 1903
An den Herrn Staatsanwalt
zur Kenntnis und Äußerung.
Am 8. Mai 1903.
gez. Grau.

Aus der Haft vorgeführt erklärt
heute vor dem unterfertigten kgl. Gerichtsschreiber im Vorhörzimmer der hiesigen
Frohnfeste der _Dienstknecht Xaver
Schreiner_ von Regensburg:

Mit nunmehr rechtskräftigem Urteil
des Schwurgerichts beim k. Landgericht
Straubing vom 14. März 1903 wurde ich
wegen Verbrechens des Raubmordes
und wegen Verbrechens des Diebstahls
zur Todesstrafe und zur Zuchthausstrafe
von zwei Jahren verurteilt.
Da ich wegen des Raubmordes, wie ich
behaupte, überführt wurde, insofern
als ich einen Raubmord überhaupt nicht
begangen habe, weil ich die Herrn

zu 3

Müller weder mit Überlegung getötet, noch
dieselbe braucht habe, beantrage ich, soweit ich
wegen Raubes und Mordes bestraft, die Wiederaufnahme des oben erwähnten Strafverfahrens
zu meinen Gunsten.

Ich vermag kein Beweismittel zu benennen,
aus denen die Unrichtigkeit geschöpft werden könnte,
daß ich mir einen Totschlag begangen habe,
dennoch aber glaube ich, daß eine Nachprüfung
der Akten den Erfolg haben wird, daß es zu
einer neuen Verhandlung kommt, die sicher
nicht mehr zur Verurteilung wegen Raubmordes, sondern nur wegen Totschlags, dessen
ich mich aufrichtig schuldig bekenne, führen
wird.

Mein Antrag geht demnach dahin,
„ es wolle das Gericht einen Richter
mit der Vornahme einer ganz
neuen Untersuchung beauftragen
und nach deren Durchführung die Wiederaufnahme des Verfahrens und
die Erneuerung der Hauptverhandlung beschließen."

Kaspar Schreiner zuletzt S. 406 der R. H.
P. O. belehrt, erklärte:
Ich bestehe auch Aufsehen vorstehenden

...und gelange, daß derselbe
in den Gerichts... gelange.

V. g. u.
gez. Schreiner Bezar.

/: Siegel :/   gez. Nirschel
                        Kgl. Notar.

IV. Begnadigungsvorgang

Der Antrag auf ein Wiederaufnahmeverfahren wurde abgelehnt. Daraufhin entschloss sich das Bayerische Staatsministerium der Justiz, einen mehrseitigen Sachbericht an **„Seine Königliche Hoheit, den Prinzregenten Luitpold, des Königreichs Bayern Verweser mit einem Alleruntertänigsten Antrag auf Begnadigung** zu explizieren:

Dem treugehorsamst Unterzeichnetem obliegt es nunmehr, Euerer Königlichen Hoheit Vortrag darüber zu erstatten, ob Gründe vorliegen, aus denen sich die allerhöchste Gnade bewogen finden könnte, die gegen Schreiner erkannte Todesstrafe zu mildern.

Der Staatsanwalt bei dem Landgerichte Straubing und der Oberstaatsanwalt bei dem Oberlandgerichte München sprechen sich für einen allerhöchsten Gnadenakt aus.

In der Persönlichkeit des Verurteilten dürften Gründe für einen solchen wohl nicht zu finden sein. Schreiner ist ein von Jugend auf verdorbener Mensch. Er hat durch die von ihm begangenen Verbrechen eine außerordentliche Gefährlichkeit bewiesen. Da selbst die verbüßte schwere Zuchthausstrafe ihn nicht zu bessern vermochte, darf wohl angenommen werden, daß er nie mehr ein brauchbares Glied der menschlichen Gesellschaft werden wird.

Was aber das gegen die Müller verübte Verbrechen selbst anlangt, so glaubt der treugehorsamste Unterzeichnete alleruntertänigst darauf hinweisen zu müssen, daß nur die Tötung der Müller durch Schreiner und angesichts der Schwere der Verletzungen wohl nur die Tötungsabsicht als absolut sicher festgestellt erachtet werden können, daß dagegen **über das Motiv der Tat und über die Art der Ausführung im einzelnen Zweifel nicht ausgeschlossen sind.**

Die näheren Umstände des Zusammentreffens des Schreiner und der Müller konnten nicht aufgeklärt werden und die Behauptungen des Verurteilten können zwar für sehr unglaubwürdig gehalten, nicht aber schlagend widerlegt werden.

Aus Bez.:
Journ. Nr.

Straubing, den 9. Mai 1903

Der
K. Staatsanwalt
am
K. Landgerichte Straubing.

An
Herrn K. Oberstaatsanwalt
am
K. Oberlandesgerichte in
München.

~~~

Betreff:

Die gegen den Schneiderssohn
Xaver Schreiner von Augsburg, ausgesprochene Todesstrafe.

Beilagen:

1 Protokollabschrift.

Referent:

[handwritten right column:]

Anbei unterbreite ich eine
Abschrift des seitens des X. Schreiner
am 8. d. M. gestellten Antrages
auf Wiederaufnahme des Verfahrens, in dem derselbe nunmehr zugesteht die Marie
Müller vorsätzlich getötet zu
haben.

Der K. I. Staatsanwalt

[handwritten lower left:]

Vorgelegt
dem K. Staatsministerium der Justiz
zwecks etwaiger Anträge, da ich gemäß
Erklärung meines Gutachtens nicht ver-
anlaßt bin. Über die etwaige gerichtliche
Entscheidung wird berichtet werden.

München, 11. Mai 1903.
Der K. Oberstaatsanwalt

Anz.Berz.: ―――
Journ. Nr. ―――

Straubing, den 15. Mai 1903.

K. Oberstaatsanwalt
16. MAI. 03
München

K.B.Staatsministerium
der Justiz.
PRÆS. 16. MAI. 1903 № 20610.

Der
K. Staatsanwalt
am
K. Landgerichte Straubing.

An
Herrn K. Oberstaatsanwalt
am
K. Oberlandesgerichte in
München.

Betreff:

Die gegen den Heublach=
hofer Bauer Schreiner von
Augsburg ausgesprochene
Todesstrafe.

Beilagen.

Referent:

dem K. Staatsministerium der Justiz
in Vorlage.

München, 16. Mai 1903.
der K. Oberstaatsanwalt.

Unter Bezugnahme auf
meine Vorlage vom 9. d.
Mts. berichte ich, daß die
Strafkammer des K. Landge=
richts hier den Wiederaufnahme
Antrag des p Schreiner mit
Beschluß vom 12. d. Mts. als
unzulässig verwarf, daß
jedoch derselbe hiegegen so=
fortige Beschwerde zum K.
Obersten Landesgerichte in
München einlegte, weshalb
der Vorsitzende der Straf=
kammer an mich das An=
suchen stellte, ihm die Straf=
akten, sobald sie von höchster
Stelle reskript zurückgelangt
wären, zukommen zu lassen.

4

p. p. Staatsanwalt:

Die Möglichkeit besteht, daß Schreiner an der Wegkreuzung aus irgend einem Anlaß in einen Wortwechsel mit der Müller geraten und der beim Weitergehen zurückschimpfenden Frau nachgelaufen ist und daß er ihr dann – leicht erregbar und außerordentlich gewalttätig, wie er ist – in maßloser Wut die tödlichen Messerstiche versetzt hat.

Dazu kommt, daß ein unbedingt zuverlässiger Anhaltspunkt dafür fehlt, daß er die Müller berauben wollte.

Bestehen aber hiernach Zweifel über das Vorliegen ganz untrüglicher Beweise für alle Tatbestandsmerkmale, so möchte trotz der persönlichen Unwürdigkeit des Verurteilten von der Vollstreckung der Todesstrafe Abstand zu nehmen sein.

Dagegen glaubt der treugehorsamst Unterzeichnete angesichts der gewichtigen Gründe, die für die Richtigkeit des Geschworenenverdiktes sprechen, und der unter allen Umständen feststehenden Grausamkeit der Tat an Stelle der Todesstrafe nur Zuchthausstrafe auf Lebensdauer begutachten zu dürfen.

Euere Königliche Hoheit möchten allergnädigst geruhen, die durch das Urteil des Schwurgerichtes beim Landgerichte Straubing am 14. März d. Jhs. wegen eines Verbrechens des Mordes und Raubes gegen den Häuslerssohn Xaver Schreiner von Anzenberg ausgesprochene Todesstrafe in Zuchthausstrafe auf Lebensdauer zu mildern.

Für den Fall der allergnädigsten Genehmigung dieses alleruntertänigsten Antrags ist die Reinschrift der hiernach bemessenen allerhöchsten Entschließung allerehrerbietigst beigefügt."

Die allerhöchste Entschließung hat den Wortlaut:

„Wir finden Uns aus Gnade bewogen, die durch das Urteil des Schwurgerichts bei dem Landgerichte Straubing vom 14. März 1903 wegen eines Verbrechens des Mordes und Raubes gegen den Häuslerssohn Xaver Schreiner von Anzenberg ausgesprochene Todesstrafe in Zuchthausstrafe auf Lebensdauer zu mildern.

Hiernach ist das Weitere zu verfügen.

München, den 3. Juni 1903
gez. Luitpold
Prinz von Bayern
des Königreichs Bayern Verweser."

Berichterstatter des Bayerischen Justizministeriums war der Amtsleiter v. Miltner, als Referent zeichnete Landgerichtsrat Wachin.

* * *

Schreiner Xaver wurde 64 Jahre und 5 Monate alt. Davon verbrachte er 36 Jahre in den Zuchthäusern Kaisheim, Straubing und Waldheim in Sachsen. Es entsprach wohl von frühester Kindheit an seinem angeborenen Naturell, renitent, aufsässig und gewaltbereit zu sein. Dabei mögen sein körperlicher Kleinwuchs und die damit verbundenen Hänseleien und menschlichen Missachtungen eine nicht unwesentliche Rolle gespielt haben, die sich bis hinein in die Strafanstalten und dann dort fortsetzten. Widerborstig und ungehorsam bis ins Alter hinein, nahm sein Leben am 2. November 1940 im Zuchthaus Waldheim ein gewaltsames Ende. Er wurde von Mithäftlingen erschlagen.

Wegen lumpiger 200 Mark
Bezirksamt Mainburg

Siglhuber Vinzenz, 44 Jahre alt, Ökonomiebaumeister, ledig und in Landshut wohnhaft, blinzelte noch schlaftrunken durchs Schlafzimmerfenster in die aufgehende Morgensonne. „Des wird a schöner Tag heut, da lasst sich's guat reisen." Eher wie sonst war er aufgestanden, um Zeit zu gewinnen, in die Hallertau zu fahren. Handelsgeschäfte mit Hopfenbauern waren abgemacht, und da wollte er pünktlich sein und die Geschäftspartner nicht warten lassen. Vinzenz, behördlicherseits Privatier, hielt nichts von einem Rentnerdasein, in welches er wegen einer langwierigen Krankheit gedrängt worden war. Wieder einigermaßen gesund, sah er im Handel die Erfüllung seines Lebens.

Gut gefrühstückt und froher Laune spannte er seinen braunhaarigen Traber vor die Chaise (volkstümlich auch Schäsen oder Schese genannt), auf die er mächtig stolz war. Erst kurz zuvor hatte er sie neu gekauft und bekam überall „s' G'schau", wohin er mit ihr auch fuhr.

Vinzenz setzte sich in die Schesen, zwirbelte noch kurz seinen Schnauzer hoch und zog die Zügel straff.

„Hü, Bräundl, hü!" Peitschenschwingend trieb er den Gaul an, der die Ohren spitzte, kräftig wieherte und dann losfuhr.

Siglhuber hatte es sich in der Kutsche bequem gemacht. Eine Zigarre paffend, hing er seinen Gedanken nach. Plötzlich erinnerte er sich daran, was neulich eine ältere Bäuerin in der Halletau zu ihm sagte: „Muasst denn oiwei den Gehrock oziang und den greislichen Gocks aufsetzen? Kimmst grad daher wiea a Leichenbitter." Auch diesmal trug er gewohnheitsmäßig wieder den Überzieher, darunter eine rote Samtweste und den steifen, schwarzen runden Hut auf dem Kopf. „Bin ich in dem Habit wirklich a Witzfigur? Hoaßts denn net immer: Kleider machen Leute? Ich will doch nur so daher kemma wie die vielen noblen Herrn, die ich kenne. Die ham doch s' gleiche G'wand an und an gleichen Huat auf. Und was die sich leisten könna, dös kann ich doch auch."

Vinzenz traf zeitgerecht an diesem 19. September 1904 im Gasthof zur Post in Mainburg ein, wo die Handelsgeschäfte abgewickelt wurden. Der Wirt wusste um die Ankunft des betuchten Stammgastes, der immer im Gasthaus nächtigte, wenn sich die Geschäfte über den Tag hinzogen. Die Schlafkammer auf dem Dachboden war eigens für ihn hergerichtet.

Käufer und Verkäufer besiegelten die jeweiligen Abschlüsse mit einem Umtrunk, der sich meistens in die Länge zog und bis Mitternacht fortdauerte. Für solche Gelegenheiten hatte Vinzenz stets ein paar flotte Sprüche oder abgedroschene Kalauer parat, mit denen er die Anwesenden bei guter Laune hielt. Da er zudem ein geübter und gekonnter Erzähler war, gelang es ihm regelmäßig, Menschen um sich zu sammeln, die es auch nicht verübelten, wenn er dann und wann mit einer Schauergeschichte ins Reich der Fabel abglitt.

Vom Naturell her ein Spintisierer und Phantast, suchte Siglhuber Aufmerksamkeit und Anerkennung zu finden. Die Holledauer gaben ihm beides. Nicht zuletzt schon deswegen, weil er hilfsbereit, freundlich, bisweilen zutraulich und spendabel war. Besonders dann, wenn für ihn die Geschäfte gut gelaufen waren. Für seine ausgeglichene Wesensart und Ehrlichkeit im Geschäftsgebaren zollten ihm die Leute ihren Respekt.

Zufrieden mit dem Tagesverlauf, freute sich Vinzenz auf einen geselligen Abend im Gasthaus. Es war ihm klar, dass er sich wieder gönnerhaft geben müsse, aber Frohsinn und Heiterkeit ließ er sich gerne etwas kosten.

Der Maßkrug kreiste in der Runde. Siglhuber sprach dem Gerstensaft kräftig zu, denn, so meinte er, die Kehle dürfe nicht trocken werden. Als schlussendlich noch eine Schnapsflasche herumgereicht wurde, vergaß er alle gefassten Vorsätze, Hochprozentiges zu meiden, zechte stattdessen feste mit. Sturzbetrunken brachte der Hausknecht ihn hinauf zu seiner Liegestatt.

Keiner der am Saufgelage mitbeteiligten Wirtshausgäste achtete auf den jungen Mann in der hintersten Ecke der Gaststube, der dem Treiben neidvoll zusah. Dessen besonderes Augenmerk galt dem Wortführer Siglhuber. Aus Gesprächsfetzen entnahm er, dass jener am folgenden Tag nach Thonhausen fahren werde, und er wog seine Chance ab, wie er sich bei dem reichen Hopfenhändler bedienen konnte. Er war mittel- und arbeitslos, brauchte dringend Geld.

Über Vinzenz Siglhuber bahnte sich ein schreckliches Verhängnis an, das am 20. September 1904 einen tödlichen Ausgang finden sollte.

Mit einem Brummschädel wachte Siglhuber auf. Träge erhob er sich aus dem Federbett, in dessen Strohsackunterlage eine tiefe Mulde vom übergewichtigen Schläfer eingedrückt war. Die Beine schwer wie Blei, schleppte er sich zur gegenüberliegenden Seite des Raumes und starrte in den Spiegel an der Wand. Aus einem fahlen Gesicht schienen ihn kleine Schweinsäuglein anzuglotzen. Der Vollrausch vom Vorabend zeigte nachhaltige Spuren.

„Sakra no amoi", motzte er sein Spiegelbild an. „Hättst net so vui g'soffen, müassast net über Schädelweh lamentier'n. Warum bist net beim Bier blieb'n, Hornochs damischer. An Schnaps hast no einischütt'n müass'n. Grad recht g'schiechts da, dassda hundselend und sauschlecht is. Mir graust's vor dir." Ein echter Bierdimpfl musste für seinen Leichtsinn büssen.

Vinzenz war nicht zum Frühstücken zumute. Er bezahlte dem Wirt Zeche und Übernachtung, rief nach dem Hausdiener und trug diesem auf: „Hausl, spann an Bräundl ein!" Bevor Siglhuber in die Kutsche stieg, drückte er dem Hausknecht ein Geldstück in die Hand, wofür dieser sich überschwänglich mit einem „Vergelts Gott" bedankte und eine gute Fahrt wünschte.

Ob es ihm gefiel oder nicht, Vinzenz musste einer Pflicht nachkommen, die er in letzter Zeit bewusst vernachlässigt hatte: Freunde, Bekannte und Verwandte in der Region Mainburg besuchen. In welcher Reihenfolge er seine Aufwartung machen würde, bestimmte einzig und allein der Grad der Sympathie, die man füreinander hatte. Genau wusste er aber, sein letzter Besuch werde zur Schwägerin Magdalena, der Witwe seines verstorbenen Bruders, nach Thonhausen führen. Bei ihr war er immer willkommen und im Bedarfsfalle selbst die Nacht über gut versorgt. Siglhuber Vinzenz hatte sich in einem Dorfgasthof noch gestärkt, bevor er zu seiner letzten Station aufbrach. Ein starker Wind blies vom Osten her, ihn fröstelte es in seiner Schesen. Für solche Fälle gerüstet, lag im Fond eine warme, dicke Wolldecke bereit. Über die Beine bis zur Hüfte zog er sie hinauf, nahm die Zügel fest in die Hand und schnalzte mit der Zunge. Das Pferd kannte diese Kommandosprache zur Genüge und trabte an. Nach wenigen Kilometern gebärdete sich das Ross mit einem Male störrisch. Unwillkürlich blieb es stehen, blähte die Nüstern und wieherte ohne Unterlass. Vinzenz kannte solche Eigenart an dem ansonsten zuverlässigen Bräundl nicht, wurde unwillig und schwang bedrohlich die Peitsche. Als dieses das Tier nicht zur Räson brachte, schlug er es mehrmals auf den Rücken. Der Gaul bäumte sich auf, fing an zu galoppieren. Mit äußerster Mühe gelang es Vinzenz, ihn in den normalen Gang zurückzubringen.

Hatte der Traber etwa das nahende Unheil gespürt?

Brrr! Die Kutsche stoppte. Auf der Wegstrecke zwischen Oberwangen und Thonhausen kniete am Wegerand ein jüngerer Bursche und machte an seinem Fahrrad herum. Seine äußere Erscheinung war nicht gerade anziehend, Siglhuber hielt dennoch an und rief ihm zu:

„Hast a Problem mitm Radl?"

Der Fremde antwortete: „I muass in an Glasscherb'n neig'fahr'n sei. Plötzlich hab' ichs pfeiffa hör'n und vorn am Rad war d' Luft raus. Leider hab' ich koa Flickzeug dabei. Tatst mi a Stückl mitnehma?"

„Wenn's sonst nix is. Wo kann i di hinbringa?"

„Recht wars ma eini ins Dorf."

„Da hama den soim Weg. I fahr' nämli eini auf Thonhausen."

Er warf ihm einen Strick zu. „Bind s' Radl hinten an der Schesen fest und nachand steig eina zu mir."

Der Fremde zurrte das Fahrrad aussen an der Hinterwand fest und hockte sich in die Kutsche.

Siglhuber begann zu fragen:

„Wo bist'n her und was tuast z' Thonhausen?"

„I suach a Arbat."

„Is des ois, wasd zum sag'n hast? Bist gar a wengerl kurz anbund'n. A bisserl g'sprächiger derfatst scho sei. Was hast'n für an Beruf?"

„Metzger bin i."

„Wiea hoaßt'n nachand und wo bist dahoam?"

Siglhuber wollte mehr von dem Burschen wissen, er stellte bohrend seine Nachfragen.

„Nama bedeit'n nix und a wo i dahoam bin. In ana hoib'n Stund' werma uns nimma sehn'g, drum is ois net so wichtig."

Etwas widerwillig waren die Antworten gekommen, und das hätte Vinzenz hellhörig machen müssen. In seiner Leutseligkeit kam ihm in keinster Weise auch nur der geringste Verdacht, der Fremdling würde etwas gegen ihn im Schilde führen.

Um nach der Zeit zu sehen, holte Siglhuber aus dem Westentascherl eine silberne Taschenuhr heraus. Sie hing an einer schweren, silbernen Uhrkette und war sein Firmungsgeschenk.

„Des is aber a Prachtexemplar und kost' bestimmt vui."

Das wertvolle Stück stach einem sofort in die Augen.

„Du interessierst di für Uhren?" Siglhuber war die Neugier aufgefallen, maß dem jedoch keine besondere Bedeutung bei. Junge Menschen konnten sich vielfältig für etwas begeistern. Warum nicht auch für eine schöne Uhr. Dennoch hätte es bei ihm klingeln müssen, dass mit dem Burschen etwas nicht stimme. Zu auffällig war seine Reaktion gewesen.

„Da magst recht hab'n. Die Uhr war teuer und i hab' sie vom Firmgöd kriegt." Besitzerstolz ließ ihn den Sprungdeckel noch einmal aufklappen, bevor er sie in die Weste zurücksteckte.

Siglhuber gab sich in seinem Redebedürfnis als Hopfenhändler zu erkennen, der junge Mann wusste indes längst, mit wem er zu tun hatte.

„S' Hopfeng'schäft floriert immer", rennomierte Vinzenz nach einer kurzen Pause die er dazu nutzte, sich die Nase zu säubern.

„Da machst g'wiss an guat'n Reibach."

Siglhuber lachte. „Stimmt. A guater Handel bringt oiwei mehra ein ois a schlechte Arbat. Gestern beispuisweise hab' i a saftigs Gerstl eing'fahr'n. Da, im Hosensack sans drin, die Penunzen."

Prahlerisch deutete er mit der Hand auf die Gesäßtasche. Ein wenig Hochmut steckte in dieser Geste, und er übersah dabei, dass der Bursche ihn aushorchte. Diesem lag einzig und allein nur daran, herauszufinden, ob der Hopfenhändler tatsächlich so geldig sei, wie er sich zu zeigen wusste.

Nach einer Weile, sie waren einige Kilometer gefahren, forderte der Fremde unvermittelt: „Gib s' Geld raus." In der Hand hielt er einen Revolver. Da Siglhuber nicht gleich reagierte, hielt er ihm die Waffe entgegen und wiederholte in noch schärferem Ton: „S' Geld will i hom, sonst passiert was."

Zornig fuhr ihm der Bedrohte in die Parade: „Ja was war denn net dieses. Rotzbua elender, dass i di net glei nunter wirf von der Kutsch'n." Er versuchte die Waffe zu greifen, da krachte ein Schuss. Die Kugel streifte seinen Kopf oberhalb der rechten Schläfe, und ehe er sich's versah, spürte er schon einen Messerstich im Nacken. Er fiel blutend aus der Kutsche. Auf dem Boden liegend trafen ihn noch einige Stiche in den Oberkörper und in die Brust. Der Täter hatte rücksichtslos zugestochen, dem Opfer den Lederzugbeutel mit 200 Mark aus der Tasche gezogen und war geflohen.

Siglhuber, kurzzeitig bewusstlos, vermochte trotz starken Blutverlustes mit letzter Anstrengung in die Schesen zurückzusteigen, ihn überkam jedoch gleich darauf erneut eine tiefe Ohnmacht.

Ein des Weges kommender Passant aus dem Dorf Thonhausen wunderte sich über das seltsame Gefährt. Ein Traber vor die Kutsche gespannt und kein Kutscher zu sehen. Da stimmte doch etwas nicht. Der Mann sah sich um und erschrak. In der Chaise kauerte der ihm bekannte Siglhuber Vinzenz.

„Oh Gott, da Vinzenz!" Beide waren in Thonhausen geboren, gemeinsam zur Schule gegangen und hatten manchen Kinder- und Jugendstreich zusammen ausgeführt.

In Windeseile verbreitete sich die schreckliche Bluttat. Eine Unzahl Neugieriger war bereits vor den Beamten der verständigten Gendarmerie-Brigade Mainburg am Tatort, denen es nur mühevoll gelang, den Ort des Grauens abzusichern. Pferd und Kutsche übernahmen Männer aus Thonhausen, brachten sie mit dem Schwerverletzten in den Ort zu dessen Schwägerin. Es war abends halb acht Uhr.

Auf dem sandigen Boden zeichneten sich neben den Hufen des Pferdes und den Kutschenrädern Tritte verschiedener Fußgrößen ab. Auffallend dabei Abdrücke von gerippten Schuhsohlen 44–45. Die Schuhe mussten dem Täter zugeordnet werden, denn der Verletzte hatte glatte Sohlen an seinen Stiefeln. Die Gendarmen vermaßen die Spuren und skizzierten all das, was an sonstigen Auffälligkeiten feststellbar war. Die kleinste unscheinbare Kleinigkeit war bedeutungsvoll und konnte einen sachdienlichen Hinweis zur Täteraufspürung liefern.

Während Gendarmeriebeamte vor Ort Zeugenhinweise entgegen nahmen, fuhr die aus Landshut angereiste Gerichtskommission in den Ort Thonhausen hinein zum Haus der Schwägerin Magdalena Siglhuber, wo der Schwerstverletzte inzwischen von einem herbeigeholten Arzt versorgt worden war. Der Doktor hatte erkannt, dass Vinzenz keine Überlebenschance hatte und dies dem Gerichtsarzt mitgeteilt. Wider Erwarten erwachte Siglhuber noch einmal aus dem Koma und war in der Lage, Sachdienliches zum Tatablauf und zur Person des Täters auszusagen. Verglichen mit Zeugenwahrnehmungen lag nunmehr eine übereinstimmende Personenbeschreibung des Verbrechers vor, die telefonisch mit einem Fahndungsauftrag an alle in Frage kommenden Gendarmeriedienststellen hinausging.

Siglhuber Vinzenz verlor gleich nach der Vernehmung durch den Staatsanwalt wieder das Bewusstsein. Um halb zwei Uhr nachts, am 21. September 1904, starb er, meuchlings und brutal hingemordet, nach Erhalt der „Letzten Heiligen Ölung" durch den katholischen Priester.

Der Gerichtsarzt vermerkte in einem ersten Gutachten nach Untersuchung der Leiche protokollarisch (auszugsweise):

1. Streifschuß in den Kopf oberhalb der rechten Schläfe;
2. Stich mit einem großkalibrigen Messer, vermutlich Schlachtermesser, in den Nacken;
3. Mehrere Messerstiche in den Rücken- und Brustbereich, die abgebrochene Messerklinge steckt noch in der Brust.

Die genaue Todesursache läßt sich erst durch eine Leichenöffnung feststellen.

Der Tatortbefund der Gendarmerie lautete (auszugsweise):

„Der Tote, geschätztes Alter zwischen 40 und 50 Jahre, trägt Oberlippenbart (Schnauzer), hat gelichtetes Haar, ist bekleidet mit dunkelgrüner Hose, einem schwarzen Überzieher (Gehrock), darunter eine rote Samtweste in welcher sich an einer schweren silbernen Kette eine silberne Sprungdeckelherrenuhr befindet, schwarze, feste Schnürstiefel und in der Kutsche liegend ein steifer Hut, ein sogenannter Gocks, der zweifellos dem Opfer gehörte."

* * *

Die Gendarmen Angerer und Söllner von der Gendarmerie-Brigade Landshut, mit Dienstfahrrädern auf Nachtstreife unterwegs, befanden sich unmittelbar am Ortsausgang von Altdorf. Im grellen Licht der an den Fahrrädern anmontierten Acetylenlampen sahen sie einen Radfahrer ohne Beleuchtung, der sich an ihnen vorbeimogelte. Streifenführer Angerer rief ihm zu: „Halt! Anhalten!" Den Radler, der erkannt hatte, dass der Rufer ein Gendarm war, genierte dieses nicht. Er trat noch fester in die Pedale und erhöhte die Geschwindigkeit, um den Gendarmen zu entwischen. Diese wendeten und fuhren ihm hinterher. Der Flüchtende setzte sich in eine Seitenstraße ab und versteckte sich in der Nähe eines Anwesens hinter einer Buschhecke am Gartenzaun. Die Gendarmen stiegen ab von ihren Drahteseln und horchten in die

Dunkelheit hinein. Nichts rührte sich. Da sprach Angerer zu seinem Kameraden. „Der kann sich doch net in Luft aufg'löst hom." Sie hörten ein leises Rascheln und ein Husten aus der Seitenstraße. Mit dem starken Licht ihrer Lampen leuchteten sie instinktiv in die Richtung, aus der die Laute kamen. Im Lichtkegel sahen sie einen großen Busch, gingen auf diesen zu und entdeckten dahinter auf dem Boden kauernd den Gesuchten. Sein Rad lehnte am Zaun.

„Aufstehen und rauskommen", herrschte Angerer ihn an. Es gab nicht im entferntesten eine Möglichkeit zu fliehen, eher bestand die Gefahr, dabei angeschossen zu werden. Es war besser sich zu stellen.

„Ihren Ausweis, bitte!" Angerer trat forsch auf, um klar zu machen, dass Widerstand zwecklos sei.

„Ich hab' koan Ausweis bei mir." Mit belegten Stimmbändern sprach er zu den Beamten.

„Sie müssen doch eine Radlerkarte dabei haben", forschte der Gendarm Söllner nach. Die Radfahrkarte war mitführungspflichtig zum Eigentumsnachweis für das Fahrrad.

„A Radkarte besitz' i net. Des Radl g'hört meim Bruder", log er und gab sowohl für sich als auch dem angeblichen Bruder Falschnamen an.

Gendarm Söller sah im Lampenschein einen Gegenstand bei dem Buschwerk liegen, hob ihn auf und staunte beim Öffnen des Lederzugbeutels über den Inhalt. 200 Mark in Banknoten zählte er, die unmöglich dem Burschen gehören konnten.

„G'hört Ihnen des Geld?", fragte Söllner.

„Was für a Geld?", bekam er zur Antwort.

Für die Beamten stand fest, an der Sache war etwas faul und sie nahmen den jungen Mann um 10.30 Uhr nachts wegen Verdachts des Gelddiebstahls fest. Vom Raubmord an Siglhuber Vinzenz hatten die Gendarmen noch keine Kenntnis.

Auf der Dienststelle der Gendarmerie-Brigade in Landshut löste sich alsbald das Rätsel über den bislang noch unbekannten Festgenommenen. Die Fahndung nach dem Raubmörder war in der

Zwischenzeit angekommen, und die Beschreibung passte ohne Einschränkung auf die vor Angerer sitzenden Person. Er sagte ihr die Tat auf den Kopf zu. In Anbetracht der ausweglosen Situation folgte ein umfassendes Geständnis.

„Der Name, den ich g'sagt hab', ist falsch. Richtig hoaß i Xaver Steindl und bin die g'suachte Person."

Das Vernehmungsprotokoll war in der Gesamtheit handschriftlich in schnörkelhafter Sütterlinschrift geschrieben und nur noch schwer lesbar. Insofern können nur einwandfrei gelesene Auszüge wiedergegeben werden:

Zur Person:

Steindl Xaver, geboren am 10. April 1878 in Neufahrn/Niederbayern, lediger Metzgergeselle, nicht vorbestraft, zur Zeit ohne festen Wohnsitz.

Zur Sache:

Nach meiner Lehrzeit war ich in Neufahrn und Umgebung von Mainburg bei verschiedenen Metzgereien im Dienst. Zuletzt, bevor ich nach München ging, bin ich in der Metzgerei Ranker in Pfeffenhausen in Stellung gewesen.

Vor 3 Wochen hat mir der Meister in München fristlos gekündigt wegen Unregelmäßigkeiten. Ich habe öfter Fleisch und Wurst ohne Erlaubnis an mich genommen und verkauft. In der Arbeit habe ich auch gebummelt und das war der Hauptgrund für den Rausschmiß. Arbeitslos geworden, habe ich mir die Stadt angeschaut und in der Nacht bei meiner Liebschaft geschlafen. Sie heißt Theres Wildgruber und ist Bedienung im Restaurant Bayerischer Hof in München. Als wir uns überworfen haben, weil ich nicht ernsthaft wieder eine Arbeitsstelle suchte, radelte ich mit dem Fahrradl, das ich entwendet habe, zuerst nach Wasserburg und dann nach Trostberg, weil ich meinte, dort finde ich eine Arbeitsstelle und ich wollte in einer schönen Gegend leben. Kein Metzgereibetrieb hat mich aber genommen, weil ich keine Arbeitspapiere hatte. Wegen der schlechten Beurteilung habe ich das Arbeitszeugnis von meinem Münchner Arbeitgeber nicht angenommen.

Von Trostberg aus bin ich dann weiter ins Salzburgische geradelt. Auch dort bekam ich keine Arbeit mehr. Deswegen fuhr ich wieder zurück von Österreich erst einmal bis Rosenheim. Mir war das Geld ausgegangen. Ich ging in ein Gasthaus, übernachtete dort, bin aber am anderen Tag gleich ohne zu zahlen abgehauen. Auf meinen weiteren Touren habe ich in der Nacht im Freien oder in Heustädeln geschlafen, dann bin ich wieder nach München, habe es noch einmal bei meinem letzten Arbeitgeber probiert. Der hat mich aber gleich hinausgeschmissen.

Am 19. September, also gestern, bin ich nach Mainburg gefahren. Da kannte ich ein paar Metzger, keiner hat mich aber eingestellt. Das verursachte in mir eine große Resignation und ich wollte meinen Kummer im Alkohol ertränken. In jedem Dorf auf der Wegstrecke bis nach Altdorf schüttete ich in einem Gasthaus einige Halbe Bier in mich hinein und verschwand ohne die Zeche zu zahlen. Zum Essen habe ich mir etwas zusammen gebettelt. Die meisten Leute, die ich angehauen hatte, haben mir was gegeben.

Am 19. September war ich am Abend im Gasthaus zur Post in Mainburg gewesen. Ich habe mich in die hinterste Ecke von der Gaststube gesetzt, damit ich nahe an der Tür war, um schnell und unauffällig ohne zu zahlen abhauen zu können.

Heute, 20. September, spät am Nachmittag, die genaue Zeit kann ich nicht sagen, ich habe keine Uhr, es kann aber schon so um halb fünf herum gewesen sein, da kam auf der Straße zwischen Oberwangen und Thonhausen der Hopfenhändler daher, dem ich schon stundenlang aufgelauert hatte. Ich habe die Absicht gehabt, ihm das Geld abzunehmen, weil er so protzig tat. Ich habe mir gedacht, da trifft's keinen Armen. Ich habe eine Fahrradpanne vorgetäuscht, damit er die Kutsche anhält und mich mitnimmt. Er hat dauernd Fragen gestellt und mich so genervt, daß ich ihm schon nach ein paar Kilometern das Geld nehmen wollte.

Ich habe ihn aufgefordert, das Geld herauszugeben, da hat er mich einen Rotzbuben geheißen. Ich habe dann den Revolver, den ich stets bei mir habe, aus der Hosentasche genommen und ihm vorgehalten. Da griff er nach der Waffe und ich habe geschossen, ihn aber nur leicht am Kopf getroffen. Dann stach ich ihm noch mit dem Messer ins Genick. Er fiel auf die Straße, ich stieg von der Kutsche und stach ihn noch ein paarmal in den Rücken und in die Brust. Er blutete stark und sagte nichts mehr. Da nahm ich aus seinem Hosensack den Lederzugbeutel und haute ab in Richtung Pfeffenhausen. Beim Geldzählen habe ich mich gefreut, es waren 200 Mark, die konnte ich gut brauchen.

Beim Zustechen ist am Messer die Klinge abgebrochen, es war mein Metzgermesser. Den Schaft habe ich gleich weit von mir weggeworfen in eine Wiese hinein. Unterwegs habe ich mir an einem Bach die blutverschmierten Hände gewaschen und den Revolver ins Wasser geworfen.

Den Mann habe ich nicht umbringen, nur außer Gefecht setzen wollen, damit ich an das Geld kam. Das ist die reine Wahrheit, daß ich den Menschen nicht habe töten wollen. Das ist nur unglücklich passiert. Mehr kann ich dazu nicht sagen."

Steindl Xaver wurde in Untersuchungshaft genommen. Aus seiner Zelle schrieb er einen letzten Brief an seine Liebschaft Theres Wildgruber.

An Frl. Theres Wildgruber, im Restaurant zum Bayerischen Hof,

München.
Meine liebe Theres!
Ich muß Dich noch mit einigen Zeilen belästigen. Liebe Theres Du wirst vielleicht durch die Zeitung erfahren haben, was für einen dummen Streich ich gemacht habe. Also liebe Theres verzeihe mir alles, denn ich bin nicht mehr Wert mich einen Menschen zu nennen. Ich habe mich jetzt vollständig ins Unglück gestürzt, da ich mich zu weit verfehlt habe. Wenn ich Dich bitten dürfte, meinen Koffer zu meinen Leuten zu schicken, die Adresse weist Du von meinen Eltern, die jetzt ganz untröstlich sind über das

was ich eingefangen habe, das kann ich Dir gar nicht schreiben. Ich wünsch Dir jetzt viel Glück und eine neue Stelle, meine liebe Theres. Schreibe mir noch ein paar Zeilen. Vielleicht wird noch eine Stunde schlagen für mich, wo ich die Freiheit geniesen kann. Noch etwas möchte ich Dir sagen, liebe Theres, gehe mehrmals in die Kirche, denn ich glaube jetzt wenn man das tut das man in den Himmel kommt.

Unter vielen Grüßen
Dein Xaver

* * *

Gegen den 26-jährigen Metzger Steindl Xaver, im Landgericht-gefängnis Landshut in Untersuchungshaft, der am 20. September 1904 um 10 Uhr 30 nachts (22.30 Uhr) in Altdorf zunächst wegen Verdachts des Gelddiebstahls festgenommen worden war, erhob die Staatsanwaltschaft Landshut nach dem Tatgeständnis und den vorliegenden Sach- und Gutachterbeweisen Anklage wegen Mordes beim Schwurgericht Straubing. Dieses urteilte wie folgt:

„Das Schwurgericht bei dem K. Landgerichte Straubing, hat in seiner öffentlichen Sitzung vom dritten Dezember 1904 folgendes Urteil erlassen:

Jm Namen

seiner Majestät des Königs von Bayern erkennt das Schwurgericht bei dem k. Landgerichte Straubing in der Anklagesache gegen Steindl Xaver, Metzgergeselle von Neufahrn, wegen Mordes u. A. in öffentlicher Sitzung vom 3. Dezember 1904 nachmittags 4 ½ Uhr, an der teilgenommen haben:

Der k. Oberlandesgerichtsrat Mayr, Vorsitzender,
die K. Landgerichtsräte Ungewitter und Spies,
der K. I. Staatsanwalt Burgl,
der Gerichtsschreiber, k. Sekretär v. Ammon
zu Recht:

I. Steindl Xaver, geboren 10. April 1878 in Neufahrn, dort beheimatet, zuletzt wohnhaft in München, katholisch, ledig, Metzgergeselle, Landsturmpflichtig wird wegen eines Verbrechens des Mordes im rechtlichen Zusammenhange mit einem Verbrechen des erschwerten Raubes mit Todesfolge zur

Totesstrafe

sowie in die Kosten des Verfahrens .... verurteilt.

II. ....   III. ....

Unterschriften der verurteilenden Richter.

Das Schwurgericht bei dem K. Landgericht
Straubing, hat in seiner öffentlichen Sit-
zung vom dritten Dezember 1904 folgendes
Urteil erlassen:

Im Namen
Seiner Majestät des Königs von Bayern
erkennt das Schwurgericht bei dem K. Landgerichte Straubing in der Anklagesache
gegen Steindl Xaver, Metzgergeselle von
Neuhausen, wegen Mordes u. A.
in öffentlicher Sitzung vom 3. Dezember 1904
nachmittags 4½ Uhr, an der teilgenommen
haben:
Der K. Oberlandesgerichtsrat Mayr, Vorsitzender,
die K. Landgerichtsräte Ungewitter u. Spies,
der K. I. Staatsanwalt Bergl,
der Gerichtsschreiber, K. Sekretär v. Amon
zu Recht:
I. Steindl Xaver, geboren 10. April 1878
in Neuhausen, dort heimatet, zuletzt
wohnhaft in München, katholisch, ledig,
Metzgergeselle, Landsturmpflichtig wird
wegen eines Verbrechens des Mordes
in rechtlichem Zusammenhange mit einem Verbrechen des vollendeten Raub.
das mit Todesfolge zur
Todesstrafe
sowie in die Kosten des Verfahrens und

79

Ein an den Prinzregenten Luitpold von Bayern gerichtetes Gnadengesuch wurde abschlägig verbeschieden.

Jm Namen Seiner Majestät des Königs.
Luitpold
von Gottes Gnaden Königlicher Prinz von Bayern,
Regent.

Wir haben keinen Anlaß gefunden, die durch das Urteil des Schwurgerichts bei dem Landgerichte Straubing am 3. Dezember 1904 wegen Mordes und Raubes gegen den Metzgergehilfen Xaver Steindl von Neufahrn ausgesprochene Todesstrafe aus Gnade zu mildern.

Hiermit ist das Weitere zu verfügen.

Berchtesgaden den 20. Januar 1905

Luitpold von Bayern

des Königreichs Bayern Verweser.

An	von Miltner
den Oberstaatsanwalt	Auf
bei dem K. Oberlandesgerichte München	allerhöchsten Befehl
	Der Generalsekretär
Die gegen den Metzgergehilfen Xaver	statt dessen
Steindl von Neufahrn ausgesprochene	Ministerialrat
Todesstrafe betr.	von Kohl.

Nach der Ablehnung des Gnadengesuches liefen die Vorbereitungen für eine rasche Durchführung der Hinrichtung an. Der Nachrichter (Scharfrichter) reiste mit der Fallschwertmaschine (Guillotine) von München nach Straubing an, überprüfte die Hinrichtungsmaschine auf ihre taugliche Funktion und fertigte darüber ein Protokoll, das Hinrichtungsdatum wurde festgelegt und die als Teilnehmer an der Hinrichtung vorgesehenen Personen aus Staat, Kommune und Wirtschaft schriftlich dazu eingeladen. Danach folgte die öffentliche Bekanntmachung:

Im Namen Seiner Majestät des Königs

LUITPOLD,

von Gottes Gnaden Königlicher Prinz von Bayern,

REGENT.

Wir haben keinen Anlaß gefunden, die durch das Urteil des Schwurgerichts bei dem Landgerichte Straubing vom 3. Dezember 1904 wegen
Mordes und Raubes gegen den Metzgergesellen Xaver Windl
von Neufahrn ausgesprochene Todesstrafe aus Gnade zu mildern.

Hiernach ist das Weitere zu veranlassen.

Regensburg, den 20. Januar 1905.

der Königlich Bayerische Justizminister.

An
den Oberstaatsanwalt
bei dem K. Oberlandesgerichte München.

Die gegen den Metzgergesellen Xaver Windl
von Neufahrn ausgesprochene Todesstrafe betr.

vor. Wilmer

Auf
allerhöchsten Befehl
der Generalsekretär,
k. Ministerialrat
von Pohl

[handwritten facsimile of the Bekanntmachung reproduced below in print]

Bekanntmachung

Durch rechtskräftiges Urteil des Schwurgerichtes bei dem
K. Landgerichte Straubing vom 3. Dezember 1904 wurde
Steindl Xaver, geboren 10. April 1878, katholisch, ledig,
Metzgergehilfe von Neufahrn
wegen eines von ihm an dem Privatier Vinzenz Siglhuber
von Landshut am 20. September 1904 verübten Verbrechens
des Mordes in rechtlichem Zusammenhange mit einem
Verbrechen des erschwerten Raubes zum Tode verurteil.

Die Hinrichtung des Xaver Steindl findet am
Mittwoch, den 25. Januar 1905, morgens 7 ½ Uhr,
im Hofe des hiesigen Landgerichtsgefängnisses statt.

Straubing, den 23. Januar 1905
Der K. I. Staatsanwalt
Burgl

Steindl hatte stets eine Tötungsabsicht bestritten. Sein Verteidiger untermauerte dies vehement in seinem Plädoyer. Er fand dafür ebenso wenig rechtliches Gehör wie sein Mandant.

Auf dem Weg zum Hinrichtungsplatz ließ sich der Delinquent nur noch einmal vernehmen:
„Ihr könnt' mich doch wegen lumpiger 200 Mark nicht einfach köpfen."
Das Urteil wurde vollstreckt.

Tödliche Eifersucht

Stadt Landshut

Zeiler Heinrich, am 8. Juni 1872 in Bruckberg als Sohn eines Häuslerehepaares geboren, katholisch und ledigen Standes, des Lesens und Schreibens kundig, wurde noch während des letzten Pflichtschuljahres von angesehenen Bauersleuten aufgenommen, um die landwirtschaftlichen Besorgungen zu erlernen, das Vieh zu hüten und später als Knecht auf dem Hof zu arbeiten. Für den Jungen war es ein Segen, in die Obhut braver Menschen gekommen zu sein, die ihm zugetan waren, als wäre er ihr leibliches Kind. Fortan brauchte er sich nicht mehr den „nutzlosen Fressern" zuordnen lassen, die der trunksüchtige, gewalttätige Vater grundlos mit Stockhieben traktierte, wann und wo es ihm gefiel.

Zwanzigjährig im Militärdienst bei den Dragonern in München, beging er Pflichtverletzungen, die ihm Arreststrafen einbrachten. Für die leichte Reitertruppe als ungeeignet befunden und zu den „Hatschierern", den Infanteristen abkommandiert, verweigerte er bald wieder den Gehorsam und wurde schließlich nach Verbüßung weiterer geschärfter Arreste vom Militär ausgestoßen. Von nun an lastete auf ihm der Makel der Unehre. Dies hatte zur Folge, dass er keine feste Arbeitsstelle fand. Zur Sicherstellung des Broterwerbes letztendlich gezwungen, schaffte er als Taglöhner in Landshut und wohnte dort zur Untermiete.

Zeiler hielt sich in der arbeitsfreien Zeit überwiegend in der Gaststätte Heiglbräu in Landshut auf, traf dort Gleichgesinnte, spielte mit ihnen Karten und beteiligte sich an deren Saufgelage. Da Wirtshauskumpaneien selten von langer Dauer sind, kam es früher als erwartet zu nichtswürdigen Randalen, bei denen sie sich im Suff an die Gurgel gingen. Hier zeigte sich bei Zeiler eine ungezügelte Gewaltbereitschaft. Wegen mehrerer Körperverletzungen, einmal sogar wegen Körperverletzung mit Todesfolge, wurde er „g'richtsmassig" und saß für längere Zeit im Gefängnis. Zum Makel der unehrenhaften Ausstoßung aus dem Militär kam nun hinzu, dass er als erheblich vorbestraft nicht mehr vertrauenswürdig galt. Ihm war anderes, als Gelegenheitsarbeiter zu sein, verwehrt.

Ein Freund hatte im Sommer 1902 zur Geburtstagsfeier eingeladen. Zugegen war auch eine Frau mittleren Alters, die Zeitler vorher nie gesehen hatte.

„Bittschön, Maria, sing uns was", baten ein paar Gäste. Etwas geziert entsprach sie dem Wunsche und gab mit angenehmer Sopranstimme eine Darbietung, die alle Anwesenden hellauf begeisterte. Sie hatte sich in den Mittelpunkt des Abends gesungen.

Zeiler, selber ein strammer, gut aussehender Mann, machte sich an die hübsche Brünette heran, buhlte um ihre Zuneigung. Als sie ihm eröffnete, verheiratet und mit dem Ehegespons glücklich zu sein, zog Heinrich sich enttäuscht zurück. Die Unbekannte hatte ihm weder ihren Namen gesagt, noch wo sie aufhältlich ist. Ihm ging in der Folgezeit das Prachtstück von einem Weibsbild nicht mehr aus dem Sinn. Jedesmal, wenn er an sie dachte, überkam ihn ein prickelndes Gefühl. Zeiler war in das liebenswerte Geschöpf verliebt.

Der Zufall wollte es, dass sich beide wieder begegneten. An einem Abend im März 1909, plötzlich ein großes Hallo im Heiglbräu. Eine Frau hatte die Gaststube betreten und wurde überschwänglich begrüßt.

„Komm' Mirzl, setz' dich her zu uns", rief ihr eine Honoration der Stadt freundlich zu und rückte einen Stuhl zurecht.

„Grüaß eich alle mitnander", hörte Zeiler die so wohlwollend Begrüßte sagen und horchte auf. Er, der mit dem Rücken zur Tür an einem Seitentisch saß, erblasste.

Diese Stimme! Er kannte sie noch. „Meiner Seel', sie ist's!"

Zögernd näherte er sich der Frau, die ihm viele schlaflose Nächte bereitete. Schweigend sahen sie einander in die Augen. Doch dann, ein spöttisches Lächeln in den Mundwinkeln, sprach sie zu ihm: „Mia kenna uns doch. Bist da Zeiler Heinrich, gell?"

Woher wusste sie seinen Namen? Hatte seinerzeit bei dem Geburtstagsspaß der Freund ihr diesen verraten?

„Aber ja. Lang is her, seit mir uns damals g'sehn ham. Wie geht's so?"

Heinrich wollte ihr unendlich viel sagen, doch nur Banalitäten kamen über seine Lippen. Er folgte Mirzl's Aufforderung, sich zu ihr an den Tisch zu setzen, und danach wurde es ein langer, vergnüglicher Abend, in dessen Verlauf sie sich gegenseitig voll zu erkennen gaben.

„In der Stadt bin ich nur bekannt als Tiroler Mirzl. Richtig heiß' ich Maria Klebensberger. Ich leb' von Tisch und Bett getrennt vom Mann und wohn' bei meiner Mutter in der Schirmgasse 281. D' Mutter ist die Rosina Heldenberger und besitzt eine Krämerei. Am Tag arbat ich bei ihr im G'schäft, auf d' Nacht verkauf ich in Wirtschaften was von am Kramerladen grad so braucht wird."

Maria hielt inne in ihrer wortreichen Lebensbeichte, sammelte ihre Gedanken und sagte dann nur noch:

„Ich hab' jetzt von mir erzählt, was gibt's von dir zu sagen?"

„Net viel." Wo er herstammte, wie alt er sei und was er tue ließ er sie wissen, verheimlichte indes aber den Rausschmiss vom Militär und die gerichtlichen Vorstrafen.

„Ebbas muass ich dir scho sagen", brachte er zögernd vor. „Wiea mir uns damals s' erste Mal begegnet sind, hab' ich mich in dich verliebt und seitdem nimmer vergessen könna."

Maria, respektive Mirzl, hatte aufmerksam gelauscht. Listig sah sie ihn an. Berechnend, wie alles in ihrem bisherigen Leben, werden wohl auch die paar Augentröpfchen gewesen sein, die über ihre Wangen kullerten, als sie anmerkte, auch immer an ihn gedacht zu haben.

„Du hast dich seinerzeit rührend um mich bemüht. Aber weißt, ich bin vor sieben Jahr halt noch mit meim Mann recht glücklich g'wesen. Des is vorbei. Wir lass'n uns nämlich scheiden."

In Heinrich keimte Hoffnung auf. Sollte ihm seine heimlich geliebte Zufallsbekanntschaft wirklich gewogen sein? Ihn etwa auch mögen?

Heinrich begleitete Mirzl zu ihrer Wohnung und bat um ein Wiedersehen. Freudig erregt schlenderte er heim in seine Junggesellenbude.

Maria Klebensberger wurde im Spätsommer 1909 geschieden und nahm wieder ihren Geburtsnamen Heldenberger an. Damit zog sie einen Schlussstrich unter eine leidvolle Vergangenheit, die sie, selbst mitverschuldet, durchleben hatte müssen. Wegen ehelicher Untreue prügelte sie der Ehemann, obgleich er die Frau selber nach Strich und Faden betrog. Das Urteil des Scheidungsrichters schuf einen gerechten Ausgleich: Er löste die Ehe wegen beidseitigem Verschulden auf. Der Weg für eine eheähnliche Gemeinschaft zwischen Mirzl und Heinrich war geebnet. Mit all seiner persönlichen Habe zog er ein in die Schirmgasse 281, sehr zum Leidwesen von Mirzls Mutter.

Maria Heldenberger gab Heinrich ihr Wort, ihn zu ehelichen. Sie beschafften sich die Heiratspapiere und legten den Hochzeitstermin fest auf den 17. November 1909.

Ein Herz und eine Seele, Mirzl und Heinrich turtelten wie ein in der Liebe noch unbedarftes junges Pärchen. Doch schon bald wurden die Gemeinsamkeiten dürftiger. Heinrichs primitiver Stil und seine geringe Intelligenz passten nicht mehr zu ihren Wertvorstellungen vom Leben. Offen bekundete sie, einen Fehler gemacht zu haben, sich wieder zu binden. Die Beziehung löcherte, man begann sich zu entfremden. Häufige Zerwürfnisse führten zu verletzenden Auseinandersetzungen.

Heinrich trug Mirzl nichts nach. Er verzieh ihr sogar, wenn sie ihm aus der Luft gegriffene Verhältnisse zu anderen Frauen andichtete. Seine Liebe und Treue waren unerschütterlich.

Maria frönte der Eitelkeit, die unbezahlbar wurde. Selbst Heinrichs sauer verdiente Groschen opferte sie der Hoffart. Sie glitt wieder ab in die Gefallsucht und das ausschweifende Amüsement. Ohnehin kein Kind von Traurigkeit, trieb es Mirzl wieder mit anderen Männern und verfiel schleichend, unbemerkt von Heinrich, dem Trunke. Kam sie nächtens angesäuselt von einer Verkaufstour nach Hause, schlief sie zunehmend öfter auf dem Sofa, um Heinrichs Liebsumarmungen zu entgehen. Meistens hatte sie unterwegs schon ihren Bedarf befriedigt.

Marias Mutter hatte von vornherein eine Abneigung gegen Zeiler. Mit Argusaugen verfolgte sie, was zwischen der Tochter und ihrem Taglöhner ablief. Ihr entgingen nicht die lautstarken Bosheiten, die sie sich gegenseitig an den Kopf warfen, sie hatte auch profunde Kenntnisse darüber, dass Maria wieder anderen Männern an die Hose geht.

„Ich weiß, dass du wieder luderst", sprach sie zu ihrer Tochter. „Aber mir ist das lieber, als wenn du den ehrlosen Taugenichts heiratest. Er is nix, er hat nix, er kann nix als Drecksarbeit. Und einen jungen Burschen hat er bei einer Rauferei totg'schlagn."

Maria war hellhörig geworden. Davon wusste sie nichts. Trotz der immensen Anschuldigung blieb sie ruhig und gelassen. Innerlich jedoch kochte die Wut. Warum hatte ihr Heinrich davon nichts gesagt? Sie brauchte Klarheit und würde sich diese noch am Abend verschaffen, wenn Heinrich von der Arbeit zurück ist. Noch aber musste sie sich mit der Mutter auseinandersetzen.

„Mutter ich weiß, du magst den Heinrich nicht. Was hat er dir eigentlich getan? Seit er bei mir wohnt, habe ich nichts an ihm festgestellt, was ehrenrührig wär."

Mirzl wurde laut: „Wennst nix anders z'tuan hast, als den Heinrich bei mir schlecht macha, bist nimmer willkommen."

Sie öffnete die Tür zum Zeichen, dass sie gehen solle.

Mirzl stand am Herd und rührte unverwandt in einem irdenen Topf. Sie hatte sich vorgenommen, Heinrich ausnahmsweise wieder einmal selbst zu bekochen. Sonst bereitete Mutters Magd gemeinsame Familienessen zu.

Heinrich trat mit aufgestautem Zorn in die Stube. Ohne den üblichen Gruß polterte er los: „Stimmt des, was mir heut' fremde Leut' zuatrag'n ham: Du treibst as wiea in deiner ersten Ehe wieder mit anderen Mannsbildern?"

Mirzl sah ihn erstaunt an, antwortete ihm aber nicht.

„Sag', is des wahr", brüllte er sie an. Als Mirzl erneut stumm verharrte, versetzte er ihr eine schallende Ohrfeige.

Sie ließ sich dieses nicht gefallen, schlug zurück. Der Lärm einer folgenden lautstarken Keilerei drang bis hinunter in die Parterrewohnung der 71-jährigen Rosina Heldenberger. Marias Mutter rieb sich schadenfroh die Hände. Nachdem Stille eingekehrt war, meinte sie, sich ihrer 17 Jahre alten Magd Maria Fürst zuwendend, mit satanischer Freude: „Pack schlägt sich, Pack verträgt sich!"

Zwischen Mirzl und Heinrich war das Tischtuch zerschnitten. Sie, entschlossen, die Hochzeit platzen zu lassen, suchte nur noch einen Grund, dies bewerkstelligen zu können.

Einige Tage nach Allerheiligen 1909 verlangte Mirzl von Heinrich, die Mutter persönlich zum Fest am 17. November einzuladen. „Dann kannst auch gleich die bei ihr untergestellten Sachen abholen."

„Was für Sachen?", fragte er zurück. „Ich hab' doch bei meiner Mutter nix hinterstellt?"

Heinrichs Mutter lebte seit dem frühen Tod ihres Mannes und des Sohnes Vater mit einem recht bescheidenen Einkommen in München.

„Aber a Bett und Wäsche dazua wirst doch als Heiratsguat krieag'n", forderte Mirzl.

Heinrich wunderte sich über Marias Dreistigkeit und sagte verbittert: „Du kannst doch von meiner Mutter koa Heiratsguat für mich verlanga. Die hat doch selber nur des Nötigste zum Leb'n. Dera müasset eher ich was geb'n. Was hast'n auf oamoi für an blöden Einfall?"

„Aber einladen tuast sie wenigstens nöd bloß mit am Brieaf. Da fahrst scho selber aufi auf Minga."

Heinrich folgte Mirzls Drängen und nahm am 14. November den Frühzug nach München. „Was will sie eigentlich bezwecken, was führt sie im Schilde?" Heinrich war irritiert. Er kannte seine Mirzl, die machte immer Nägel mit Köpfen. Was Heinrich nicht ahnen konnte, Mirzl hatte für ihren gemeinen, hinterhältigen Plan bereits gute Vorarbeit geleistet und diese an diesem 14. November zu Ende geführt.

Am Abend aus München zurück, machte Heinrich einen Abstecher in sein Stammlokal. Dort, im Heiglbräu, übergab ihm die Bedienung einen Brief von Mirzl. Sie schrieb (wörtlich):

„Es wär so schön gewesen, es hat nicht sollen sein. Geh' zu Deiner anderen, ich heirat Dich nicht. Überhaupt nicht. Ich habe meine Habe um 600 Mark verkauft und reise über Friedrichshafen durch die Schweiz."

Heinrichs Hände zitterten, als er die Botschaft las. Er war wie vom Blitz getroffen, eilte so schnell er konnte in die Schirmgasse 281. Die Wohnung war leer, ausgeräumt, Mirzl verschwunden. Jetzt fiel es ihm wie Schuppen von den Augen: Deshalb bedrängte sie ihn so sehr, nach München zu fahren.

„Du verfluchtes Mensch (liderliches Weib, Hure)", schrie er im geballten Zorn hinaus, „ich krieg dich, wo du auch bist. Und dann sei dir Gott gnädig."

Heinrich vernachlässigte die Arbeit und wurde gekündigt. Er zog von Wirtshaus zu Wirtshaus, fragte überall nach Mirzl. Was er über sie zu hören bekam, übertraf alle seine Vorstellungen von menschlichen Irrungen und Wirrungen. Was sie ihm durch zahlreiche Fehltritte angetan hatte, schrie nach Rache. Mirzl hatte mit ihrer Niedertracht gesät, was sie selber ernten musste: Ihren Tod!

Eines Tages im Dezember kam ein Reisender in die Gaststätte Heiglbräu. Nach kurzem Aufenthalt fragte er die Bedienung: „Kennen Sie einen Heinrich Zeiler?"

„Natürlich kenn' ich den. Warum?"

„Ich soll von der Mirzl schöne Grüße bestellen. Täten Sie ihm das ausrichten?"

„Mach' ich gern. Sagens mir noch, wo is die Mirzl eigentlich?"

„In der Oberpfalz feiert sie fröhliche Urständ", zwinkerte er der Fragestellerin zu. „Als Hausiererin geht sie um."

Am Abend im Heiglbräu wurde Zeiler Mirzls Nachricht übermittelt. Schweigend nahm er sie entgegen. Innerlich schäumte jedoch die Wut hoch. Um sich abzureagieren, lief er wahl- und ziellos in der Stadt umher.

Das Jahr 1910 war angebrochen. Heinrichs Gemüt besänftigte sich. Er war drauf und dran, das Kapitel Maria Heldenberger abzuhaken, da verriet ihm am 3. Januar am Nachmittag eine Frau, Mirzl sei zu Neujahr wieder in ihre Wohnung in der Schirmgasse zurückgekommen. Zeiler hörte sich um und erhielt im Heiglbräu die Bestätigung von der Bedienung, die schon lange mit Mirzl bestens befreundet war.

„Ja, es stimmt. Die Mirzl ist wieder da."

Bereits 2 Halbe Bier und einen halben Liter Most intus, schüttete er auf die Schnelle weitere 3 Bier in sich hinein, um sich dann im Haferbräu erst richtig volllaufen zu lassen. Gegen 2 Uhr nachts legte er sich in seiner neuen Junggesellenbleibe Nahensteig 188 ins Bett. Schwere Albträume rüttelten ihn zeitig in der Frühe wach. Der Vorhang zum letzten Akt eines Dramas fiel, und so liest sich dieses in der polizeilichen Vernehmung des Zeiler Heinrich vom 4. Januar 1910 (auszugsweise):

„Mir war nach dem vielen genossenen Alkohol ganz wirr im Kopf. Ich sah Mirzl mit anderen Männern knutschen, sie tanzte mit einem Bierkrügerl in der Hand auf dem Tisch und ließ sich betatschen. Dabei stieß sie unentwegt Juchezer aus. Als ich völlig bedeppert aufwachte, kamen mir die Träume in Erinnerung. Unverzüglich rannte ich zu Mirzl in die Schirmgasse 281. Gewohnheitsmäßig hatte ich mein Taschenmesser und ein großes feststehendes Messer eingesteckt, ohne die Absicht, damit der Mirzl etwas anzutun. Ich wollte sie eigentlich nur zur Rede stellen und ihr ein paar anständige mit der Faust geben (gemeint sind Faustschläge).

Es wird ungefähr halb sieben Uhr gewesen sein, als ich in den Hofraum kam und die Heldenberger sah. Kaffeetrinkend saß sie auf dem Sofa. Ich dachte, jetzt gehst hinein, haust ihr ein paar mit der Faust hinauf und da stürzte ich mich auch gleich in die Küche. In diesem Moment packte mich die eisige Wut auf Mirzl. Ich betrachtete sie als Abtrünnige, als Verräterin unserer Liebe. Ich riß mein langes Messer aus der Hosentasche und aus der Messerscheide, stach wortlos auf sie ein. Sie sollte ein Lebtag daran denken, daß sie mich schamlos hintergangen hatte. Diese Handlungsweise entsprang meiner argen, herben Enttäuschung. Wie oft ich mit dem Messer auf sie einhieb, kann ich nicht mehr sagen, ist mir unmöglich anzugeben. Ich weiß nur noch, daß die Mirzl zu Boden sank. Ob sie sich noch rührte, ob sie blutete, all das weiß ich nicht. Nur daran erinnere ich mich: Wie von Geisterhand geführt stand plötzlich Mirzls 71 Jahre alte Mutter Rosina vor mir. Ich drehte ihr den Rücken zu und rannte wie von einer Tarantel gestochen aus der Küche hinaus in den Hof, weiter wie vom Teufel getrieben zur Isar und warf dort das Messer hinein. Ich war zur Besinnung gekommen, ging nach Hause und überlegte auf dem Weg, abzuhauen. Dann entschloß ich mich aber, zur Polizei zu gehen, mich zu stellen."

Die schwerstverletzte 38-jährige Maria Heldenberger wurde ins Krankenhaus Landshut zur ärztlichen Versorgung gebracht, wo sie nach operativem Eingriff gegen 3 Uhr am Nachmittag aus der Narkose erwachte. Nur noch einen einzigen Satz vermochte sie mit schwacher, brüchiger Stimme zu Protokoll geben:

„Er hat mir schon früher öfter mit dem Umbringen gedroht, wenn ich ihn nicht heirate."

Maria fiel in die Kissen zurück und entschlief dieser Welt.

Dem Untersuchungsrichter bestätigte Zeiler am 15. Februar 1910 die vor der Polizei gemachte Aussage, ergänzte sie lediglich mit nachstehendem auszugsweisen Kurztext:

„Ich habe nicht daran gedacht, die Mirzl zu töten. Ich wollte ihr nur ein paar „stieren", weil sie mich so gedemütigt hatte. Wie ich das Messer herausriß dachte ich, sie soll ein Leben lang denken müssen und dass es ihr vergangen wäre, einen anderen so zum Narren zu halten wie mich. Die Absicht, sie zu töten hatte ich nicht."

Zeiler, wegen Verdachts, seine vormalige Geliebte, die Obsthändlerin Maria Heldenberger in ihrer Wohnung in **Tötungsabsicht** durch eine Unzahl außergewöhnlich schwerer Messerstiche in die Lunge und andere Körperteile verletzt zu haben, wurde aus der Untersuchungshaft dem Schwurgericht in Straubing vorgeführt

und in der öffentlichen Sitzung am 9. Juli 1910 wegen eines Verbrechens des Mordes zum **TODE** verurteilt.

Die vom Verurteilten und seinem Verteidiger eingereichte Revision wurde am 29. August 1910 vom Reichsgericht verworfen.

Im Namen Seiner Majestät des Königs von Bayern
erkennt das Schwurgericht bei dem K.Landgerichte
Straubing in der Untersuchungssache gegen

  Z e i l e r Heinrich,Taglöhner von Landshut,
          wegen Mordes,

in öffentlicher Sitzung vom 9.Juli 1910,auf Grund
gepflogener Hauptverhandlung,an welcher teilgenom-
men haben:der K.Oberlandesgerichtsrat Dümler als
Vorsitzender,die K.Landgerichtsräte Raithel und
Ebner als Beisitzer,der K.III.Staatsanwalt Dr.Behr
und der Gerichtsschreiber,K.Sekretär Obermaier

            zu Recht:

              I.

Z e i l e r Heinrich,kath.,geboren am 8.Juni 1872
zu Bruckberg,led.Taglöhner von Landshut,z.Zt.hier
in Untersuchungshaft ,wird wegen Verbrechens des
Mordes

          mit dem Tode

bestraft.

              II.

Demselben werden die bürgerlichen Ehrenrechte aber-
kannt.   *III.*

Er hat die Kosten des Verfahrens und der Strafvoll-
streckung zu tragen.

            Gründe:

      gez.(L.S.)gez.Dümler   Raithel   Ebner

Vorstehendes Urteil ist "vollstreckbar"
            Zur Beglaubigung:
      Straubing,den 10.September 1910

          K.Sekretär:

Vorgelegt der K.Staatsanwaltschaft hier

1 D. 740.10
VIII 1678

Jm Namen
des Reichs.

Jn der Strafsache gegen den Taglöhner Heinrich Zeiler aus Landshut
wegen Mordes

hat das Reichsgericht, Feriensenat, in der öffentlichen Sitzung vom 29. August 1910, an welcher teilgenommen haben als Richter:

Der Präsident von Kolb
und die Reichsgerichtsräte Dr. Oppermann, Reiff, Ditzen, Dr. Ackermann, Schirmacher, Dr. Büsing,
als Beamter der Staatsanwaltschaft,
der Staatsanwaltschaftsrat Dr. Preiser,
als Gerichtsschreiber:
der Sekretariatsassistent Schwenk,
nach mündlicher Verhandlung für Recht erkannt:

Die Revision des Angeklagten gegen das Urteil des Schwurgerichts beim Königlichen Landgericht Straubing vom 9. Juli 1910 wird verworfen, dem Beschwerdeführer werden die Kosten des Rechtsmittels auferlegt.

Von Rechts wegen
Gründe:

Das Urteil war rechtskräftig geworden.

Im Namen des Reichs.

In der Strafsache gegen den Tagelöhner Heinrich Zeilner aus Landshut wegen Mordes

hat das Reichsgericht, Ferienstrafsenat, in der öffentlichen Sitzung vom 29. August 1910, an welcher teilgenommen haben als Richter:

der Präsident von Kolb

und die Reichsgerichtsräte Dr. Oppenaum, Reiß, Schön, Dr. Ackermann, Schiermeyer, Dr. Lüling;

als Beamter der Staatsanwaltschaft:

der Staatsanwaltschaftsrat Dr. Kaiser,

als Gerichtsschreiber:

der Sekretariatsassistent Schrank,

nach mündlicher Verhandlung für Recht erkannt:

Die Revision des Angeklagten gegen das Urteil des Schwurgerichts beim Königlichen Landgericht Straubing vom 9. Juli 1910 wird verworfen. Dem Beschwerdeführer werden die Kosten des Rechtsmittels auferlegt.

Von Rechts wegen.

Gründe.

Die Behauptungen des Beschwerdeführers, er habe den Aussagen der Zeugen in der Hauptverhandlung nur zum Teil oder gar nicht verstanden und infolgedessen dem Gange der Verhandlung nicht folgen und sich nicht entsprechend verteidigen können, als davon sei, daß ihn der Vorsitzende nach der Vernehmung eines jeden Zeugen gefragt habe, ob

97

Ein Gnadengesuch an den Prinzregenten von Bayern war ebenfalls abgelehnt worden.

Nr. 39228

Jm Namen Seiner Majestät des Königs
LUITPOLD
von Gottes Gnaden Königlicher Prinz von Bayern.
REGENT

Wir haben keinen Anlaß gefunden, die durch das Urteil des Schwurgerichts bei dem Landgerichte Straubing vom 9. Juli 1910 wegen Mordes gegen den Taglöhner Heinrich Zeiler von Landshut ausgesprochene Todesstrafe aus Gnade zu mildern.

Hiernach ist das Weitere zu verfügen.

Jagdhaus Schrattenberg, den 19. September 1910.

gez. Luitpold
Prinz von Bayern
des Königreichs Bayern Verweser.

An den Oberstaatsanwalt	Dr. v. Miltner
bei dem K. Oberlandesgerichte München	Auf allerhöchsten
	Befehl
	von Generalsekretär,
Die gegen den Taglöhner Heinrich Zeiler	Ministrialrat
von Landshut ausgesprochene Todesstrafe	Dr. Nühslein

No. 39228.

Im Namen Seiner Majestät des Königs

LUITPOLD,

von Gottes Gnaden Königlicher Prinz von Bayern,

REGENT.

Wir haben keinen Anlaß gefunden, die durch das
Urteil des Schwurgerichts bei dem Landgerichte Straubing
vom 9. Juli 1910 wegen Mordes gegen den Taglöhner
Heinrich Peiler von Hankofen ausgesprochene Todesstrafe
und Gnaden zu mildern.

Hiernach ist das Weitere zu verfügen.

Gegeben in Schloß Schattenburg, den 29. September 1910.

L. v. Bayern,
des Königreichs Bayern Verweser.

An den Oberstaatsanwalt
bei dem k. Oberlandesgerichte München.

_____

Die Sache des Taglöhners Heinrich Peiler
von Hankofen ausgesprochene Todesstrafe.

Dr. v. Milner

Auf allerhöchsten Befehl
der Generalsekretär,
Ministerialrat

Dr. Nüßlein

Bekanntmachung

Durch rechtskräftiges Urteil des Schwurgerichts bei dem Kgl. Landgerichte Straubing vom 9. Juli 1910 wurde gegen

Zeiler Heinrich, geboren 8. Juni 1872 in Bruckberg. Amtsgerichts Moosburg. beheimatet in Landshut, katholisch, lediger Taglöhner,

wegen eines von ihm an der Südfrüchtehändlerin Maria Klebensberger von Landshut am 4. Januar 1910 verübten Verbrechens des Mordes

auf T o d e s s t r a f e erkannt.

Die Hinrichtung des Heinrich Zeiler findet am

Mittwoch den 5. Oktober 1910
vormittags 6 ½ Uhr

im Hofe des hiesigen Landgerichtsgefängnisses statt.

Straubing. 3. Oktober 1910
Der Königl. I. Staatsanwalt
gez. unleserlich

Das Urteil wurde vom Nachrichter (Scharfrichter) Franz Xaver Reichhart, dem Onkel des nachmaligen Scharfrichters Johann Reichhart, mit der Guillotine vollstreckt.

Anmerkung

Nach Gerichtsaktenlage hatte Maria Klebensberger nach der Ehescheidung wieder den Geburtsnamen Heldenberger angenommen. Die Namensbezeichnung Klebensberger in der oben angeführten Bekanntmachung war offenbar irrtümlich erfolgt.

Bekanntmachung

Durch rechtskräftiges Urtheil des Schwurgerichts bei dem Kgl. Landgericht Straubing vom 9. Juli 1910 wurde gegen

Zeiler Heinrich, geboren 8. Juni 1872 in Deimstbey, Amts- gericht Moosburg, beheimatet in Landshut, katholisch, lediger Taglöhner,

wegen eines von ihm an der Zuchthausbeamtin Maria Klebensberger von Landshut am 4. Januar 1910 verübten Verbrechens des Mordes

auf Todesstrafe erkannt.

Die Hinrichtung des Heinrich Zeiler findet am

Mittwoch den 5. Oktober 1910

vormittags 6½ Uhr im Hofe des hiesigen Landgerichtsgefängnisses statt.

Straubing, 3. Oktober 1910.

Der Königl. I. Staatsanwalt

F...

Frauenmord in Stadtamhof
Bezirksamt Regensburg

Dienstag, 17. Dezember 1918. Ein Mann, vor wenigen Tagen
die Gunst der Stunde nutzend aus einem bayerischen Zuchthaus
geflohen und auf dem Weg nach Mangolding, wenige Kilometer
südostwärts von Stadtamhof, näherte sich gegen ½ 8 Uhr abends
der Regenbrücke in Stadtamhof. Vom Fluss her plätscherte leise
das Wasser, ansonsten herrschte ringsum einsame Stille. Der
Sträfling in Gedanken, ob er es wagen könne, in seiner Anstalts-
kluft bei der Schwester zu erscheinen, zuckte zusammen. Gellende Hilferufe kamen vom Regenufer herüber.

„Max, tua ma des net an. Ich bitt' dich um Gottes Willen, tuas
net. Lass' mi leb'n. Himmövata huif!" Gleich darauf plumpste etwas wie ein schwerer Gegenstand ins Wasser.

„Da hat wer a Frau, die so furchtbar g'schrien hat, ins Wasser eini
g'worfen", gings ihm durch den Kopf. Ungeachtet der Gefahr,
wieder eingefangen zu werden, lief er schnurstracks zur nahe ge-
legenen Fischerei Seidl in Stadtamhof. Dort traf er auf die Brüder
Alois und Johann Seidl, die sich über die Gestalt in der ungewohnten Kleidung wunderten, jedoch hellhörig wurden, als der
Mann hastig vorbrachte, was ihm untergekommen war.

Ohne langes Zögern eilten sie zur angegebenen Stelle am Regenfluss. Mit langen Stangen stocherten sie suchend im Wasser und
stießen auf einen leblosen Frauenkörper. Sie zogen die vermeint-
lich Bewusstlose an Land. Während die Brüder Seidl Wiederbele-
bungsversuche vornahmen, besorgte der Informant telefonisch
die Verständigung der Gendarmerie und Herbeiholung des ap-
probierten Baders und Leichenschauers Wolfgang Klinger aus
Reinhausen.

Die von den Beamten der Gendarmerie gesammelten Erkenntnisse fasste der Kommandant der Gendarmerie-Station in einem
Bericht an das Amtsgericht Stadtamhof zusammen.

Gendarmerie-Station Reinhausen,
den 18. Dezember 1918

An das Amtsgericht
Stadtamhof

Betreff:
Auffindung einer unbekannten
weiblichen Leiche im Regenflusse bei Reinhausen

Am 17. Dezember 1918 abends 9 Uhr
wurde die hiesige Station telephonisch
benachrichtigt, daß die Fischersöhne
Alois und Johann Seidl in Stadtamhof
soeben eine unbekannte Frauensperson
aus dem Regenflusse unweit des Stadt-
amhofer Steges gezogen haben und diese Person dort selbst bewusstlos liege.

Ich und die Vizewachtmeister Michael Weber und Erhard Lindner begaben uns auf die Auffindungsstelle, woselbst zu dieser Zeit
niemand anwesend war. Später kamen dann die beiden Seidl wieder und gaben an, daß abends gegen 8 ½ Uhr eine ihnen unbekannte Mannsperson zu ihnen kam und sagte, er habe soeben auf
dem Stege die Rufe gehört: „Max, tue mir doch das nicht an" und
er glaube, daß da jemand in das Wasser geworfen wurde. Die beiden Seidl begaben sich sofort auf den Steg und suchten mit Stangen das Wasser in der Nähe des Steges ab. Nach längerem Suchen
fanden sie unweit des linken Regenufers die Frauensperson auf.
Sie brachten dieselbe an das Ufer und wendeten einige Zeit
künstliche Atmung an, jedoch ohne Erfolg.
Der herbeigerufene approbierte Bader und Leichenschauer Wolfgang Klinger in Reinhausen konnte nur den eingetretenen Tod
konstatieren.

Bisher konnte die Person der Verlebten nicht festgestellt werden, da bis jetzt noch keine Person dieselbe kennt. Sie scheint dem Arbeiterstand anzugehören.

Nachdem an der Landungsstelle infolge des Hochwassers Gefahr bestand, das Wasser könnte weiter austreten und die Leiche mit fortnehmen, wurde dieselbe in das Leichenhaus Reinhausen verbracht.

Die Ertrunkene ist mittelgroß, kräftig gebaut, hat volles Gesicht, anscheinend dunkelblonde Haare, trug schwarzen Rock, solche Bluse, weißen Unterrock, ferner einen wollenen, rot- und braunkarierten Unterrock, eine braun gestreifte Unterhose, rot- und weißgekräuseltes Hemd, schwarze Strümpfe und schwarze Lederhalbschuhe. Um den Hals trug sie ein gelbes Kettchen mit zwei Anhängseln, eines mit der Muttergottesstatue von Altötting, und das andere mit dem Ort Altötting. An der rechten Hand (Goldfinger) hatte dieselbe zwei Ringe, einen goldenen Ehering mit dem Stempelzeichen 333 und einen silbernen Ring ohne Stein. Die Ringe wurden der Verlebten abgezogen, weil vermutet wurde es könnte der Name eingraviert sein.

Als besonderes Kennzeichen ist anzuführen: es fehlen derselben an der linken Hand Zeige-, Mittel- und Goldfinger, welche wahrscheinlich durch Unglücksfall verloren wurden.

Die Erhebungen nach der Identität der Verlebten werden fortgesetzt.

Den Herrn Staatsanwalt und k. Landgerichte Regensburg wird telephonisch Mitteilung gemacht. Nach den Umständen dürfte ein Mord vorliegen.

Wendelin Schultes
Wachtmeister

Nr. 3293.

Gendarmerie-Station Reinhausen.

Reinhausen, den 18 Dezember 1918

Eing. 18. XII 18 - 9¼
R.

An
das Amtsgericht
Stadtamhof.

Betreff:
Auffindung zweier unbekannter
männlicher Leichen im Ge-
flösse bei Reinhausen.

Am 17. Dezember 1918 abends
9 Uhr wurde die hies. Station
telegraphisch benachrichtigt,
daß die Fischer Johann Gloß
und Johann Seidl in Stadtamhof haben einen unbe-
kannten Frauenspersonen
aus dem Regenflusse ver-
weit das Klostermühl-Wehr
gezogen haben und diese Person dortselbst unbeschädigt
liegen.

Sofort die Wegmachermeister
Michael Weber und Johann
Lindner begaben sich auf
die Auffindungsstelle, woselbst zu dieser Zeit niemand
anwesend war. Später kamen
dann die bei... Seidl an.
Das aber haben an, daß abends
gegen 8½ Uhr eine ihnen unbekannte Mannsperson
zu ihnen kam und sagte,
es habe haben auch den

für ein halbes Kettchen mit zwei Anhängseln
eines mit dem Muttergottesbild von Altötting
und das andere mit dem Ort Altötting. An
der rechten Hand/Goldfinger/hatte Verfallen zwei
Ringe einen goldenen Ehering mit dem
Namenszeichen 333 und einen silbernen Ring
ohne Stein. Die Ringe wurden der Verstorbenen
abgezogen, weil vermutet wird, daß dieselbe
das Namen nie getragen hat.

Als besonderes Kennzeichen ist anzuführen:
ab fehlen derselben an die linken Hand Zeige-
Mittel- und Goldfinger, welche wahrscheinlich
durch Unglücksfall verloren wurden.

Die Erhebungen nach der Personlität der
Verstorbenen werden fortgesetzt.
Dem Herrn Staatsanwalt in k. Landger. in
Regensburg wird telegraphisch Mittheilung
gemacht. Nach den Umständen dürfte ein Mord vorliegen.

Mandolin Schultes,
Weichenwächter.

Noch mit Datum vom 18. Dezember 1918 legte die Gendarmerie Reinhausen einen weiteren Bericht nach.

An   Reinhausen, den 18. Dezember 1918
das Amtsgericht
  Stadtamhof

Betreff:
Auffindung einer unbekannten weiblichen Leiche.
Beilagen 1 Brief.

Im Nachgang zur Anzeige vom Heutigen Nr. 3293 wird noch folgendes berichtet:

Heute früh wurde am Tatorte sofort Nachschau gehalten und es lag neben dem Stege ein Herrenregenschirm, etwas abseits des Steges an der Böschung ein schwarzer Handschuh, etwas links davon zwischen Sträuchern der Hut und unweit davon ein Stückchen Papier mit etwas Süßigkeiten; ferner wurde später an einer Staude noch der Haarkamm der Verlebten gefunden. Demnach ist die Leiche südlich des Steges in das Wasser gekommen und scheint nach den am Boden befindlichen undeutlichen Spuren vorher ein Kampf stattgefunden zu haben.

Wie die ledige Fischerstochter <u>Anna Seidl</u> mir angab, war die Mannsperson, welche die Mitteilung machte, der ledige Metzger Friedrich Holzer von Mintraching. Holzer erzählte auch, daß er zwei Personen, die von Reinhausen auf dem Wege gegen den Steg zugingen, streiten hörte und dann noch den besagten Rufe habe er auch vernommen, als wie wenn eine Frauensperson gedrosselt worden wäre.

Bei Besichtigung der Leiche am Tage zeigte sich, daß das in der ersten Anzeige bezeichnete Halskettchen mit 2 Anhängsel nicht richtig war. Diese zwei Anhängsel bilden zusammen eine Brosche für sich, ferner hatte sie eine gelbe Halskette mit Anhänger in derern Mitte sich ein Rubinstein befindet. Überdies trug sie eine gelbe Uhrkette um den Hals. Die daran befindliche silberne Damenremontieruhr wurde von der vorgenannten Anna Seidl in

Verwahrung genommen und dem Vizewachtmeister Lindner aus-
gehändigt. Weiter trug die Leiche ein Paar kleine gelbe Ohrringe
mit kleinen weißen Sternchen. Die sämtlichen voraufgeführten
Sachen nebst den 2 Ringen befinden sich auf hiesiger Station in
Verwahrung. Die Uhr trägt die Nr. 1326.

Weiter wurde in dem Hemde der Verlebten das mit roten Farben
eingestickte Monogramm „PT" wahrgenommen, welches wahrscheinlich die Anfangsbuchstaben des Namens sein werden.

Am 19. Dezember 1918 erhielt ich beiliegenden Brief, worin der
angebliche Zeuge Holzer, richtig Ludwig Feuchtmayer von Mangolding, seine Wahrnehmung schildert. Wahrscheinlich ist dies
der entsprungene Zuchthaussträfling Feuchtmayer. Dieser Brief
wird in Vorlage gebracht.

Bisher konnte trotz aller eifrigen Nachforschungen die Person der
Leiche nicht festgestellt werden.

Wendelin Schultes
Wachtmeister

No 3295.

Gendarmerie-Station Reinhausen.

Reinhausen, den 18 Dezember 1918.

An
Das Amtsgericht
Stadtamhof

Betreff:
Auffindung einer unbekannten weiblichen Leiche.

Beilagen:
i Leiche.

Im Nachgang zur Anzeige
vom heutigen No. 3293 wird
noch folgendes berichtet.

Heute früh wurde am Tatorte
sofort Nachschau gehalten und
es lag neben der Nage ein Kur-
zuvergenehme, etwas abseits
des Nage an der Böschung ein
schwarzes Handschuh, etwa linter
... gefunden der
Hut und anseits, davon ein
... Sache mit etwas
..., ferner war.
... später in einer ...
noch das Handtamm das Verlebten gefunden. Runmach
ist die Leiche endlich das Nage
in das Wasser gekommen
und scheint nach der in Erden
... und ... des
... vorher ein ... ...
gefunden zu haben.
Nir die das Fischnotlaflas
Anna Seidl mir sagt, wo

Brief, worin der angebliche Zeuge Hafner richtig Ld. Franz Feuchtmayer von Mangeldung seine Wahrnehmungen schildert. Wahrscheinlich ist dies der entsprungene Zuchthäusling Feuchtmayer. Ihnen Brief wird amals in Woolston geschrieben.

Leider konnte trotz aller eifrigen Nachforschung die Sache des Täuse nicht festgestellt werden.

Wendelin Schulter,
Amtmeister.

Brief
des Feuchtmeyer.

Der Brief des Zeugen Feuchtmayer lautet:

Mittwoch den 18. Dezember 1918
Werter Herr Wachtmeister
Ich will innen ganz kurz mitteilen. Wegen dem Fall bei den Übergang am Gris wo dießer das Mädel oder Frau ertränkte. Ich bin von München gekommen und nach Stadtamhof. Vielleicht um Halb acht Uhr. Drinke noch beim Stadler ein Glas Bier und wollte am Gris übergehen um einen Freund in Weigs aufzusuchen. Zum Unglück war der Steg schon brochen wie ich hinkam. Auf einmal hörte ich drübern Wasser Hilfe Rufe aber ganz unterdrückt einmall wider lauter dan wider ganz heisern und imer an Max laß mich aus ich bitt Dich um Himmels Willen las mich aus. Ich horchte so fünf bis 10 Minuten weil ich glaubte es ist ein liebes barr wo sich das Mädchen vielleicht nicht hingibt aber auf einmall härte ich duschen wie wenn zwei in den Wasser raufen. Jetzt kante ich erst das das nichts Gescheides ist. Ich bin gleich zum überführer gelaufen und sagte im das da einer sein Mädel ins Wasser geworfen muß haben. Der ist gleich Raus und seine Buben dan sind wir über den Steg hörten aber nichts mehr ich nam meine Daschenlaterne und leuchten alles ab auf einmal sehen wir einen Schibel Gewand wir langten hinein und holten das Mädel heraus wir machten dan eine halbe Stunde Handbewegungen alles half nichts mer ich ging dan zu meiner Schwester nach hause nach Mangolding und heut fur ich nach München. Wenn ihr den Schuften desn Gewissenlosen Hund erwischt wirt und braucht mich als Zeugen den aufkommen tut er ja doch den Max muß er ja heisen weil das Mädel immer so gerufen hat. bei meiner Schwester Regina Holzer in Mangolding wird mich dan schon wissen.
Hochachtungsvoll Ludwig Feuchtmayer
nicht Ludwig Holzer   Mangolding.

Mittwoch den 18 November 1918.

Geehrter Herr Werkmeister.

Ich will euer ganz kurz mitteilen
Wegen den Fall um die Drä übergang
um Geld ver liehen des Mädel der Frau
____. Ich bin von München gekommen und
___ ____ Vieleicht um halb acht Uhr, dennoch
noch beim ____ mit Glas Bier und wollte am
Geld übergehn um einen Freund in ___
___. Zum Unglück war der Weg schon
____ war ich hinkam. Auch einmal hörte
ich daneben Wasser hölte Näche über ganz Unter-
Oder einmal ____ ____ ____ war ganz
____ und immer ____. ____ laß mich daß ich bitt
____ und Hinweis ____ laß mich daß ich horche
so fünf bis 10 Minuten weil ich glaubte ob es ein
liebes ____ ver sich das Mädel Vielleicht nicht ___
____ auch einmal hörte ich ___ war wenn ganz
in den Wasser kamen. Jetzt ____ ich was das

des nichts Geschrieben ist. Ich bin euch zum
überschiken Gelegenheit und sehen an das die
meines sein Mädel und Mutter gewesen
mich haben das ist euch Dank und sein Leben
Sie sind weit weiter über den Weg fahren aber
nichts muss ich wenn meine süssen lieben
und leisten alles ab das einmal sehen wir
einen Kübel Hunger und wir leisten hinein in
sollen das Mädel heraus wir machen den
einen halben Kinder send vnarynnehmen alles hilft
nichts muss ich hier den zu meiner Schwester
noch heute noch Magdeburg, und heut bin ich
noch München. Wenn ihr den Schnitten den g
Gwissenlosen Hund wenn ich wir und beruft
mich als Zeugen den duskommen hat es zu doch
den Weg muss es zu hören weil das Mädel ihm
so gewesen ist, bei meiner Schwester Anjina Holzer
in Magdeburg wird mich den sehen weissen.
        Hochachtungsvoll Ludwig Imühlwagner
            nicht Ludwig Holzer.   Magdeburg

Inzwischen waren die Fahndungsmaßnahmen angelaufen. Gegen Feuchtmayer auf Wiederzuführung ins Zuchthaus, gegen Unbekannt wegen Mordverdachts. Es lagen zunächst keine verwertbaren Hinweise für eine gezielte Täterfahndung vor. Feuchtmayer indes wurde bald darauf in Regensburg festgenommen.

Erster Hinweis zur Identifizierung der Toten und auf den möglichen Täter kam am 21. Dezember 1918 von der Gendarmerie-Hauptstation in Cham. Der Bericht an die Gendarmerie in Reinhausen lautete:

„Seit dem 17. ds. Monats ist die Postillonsfrau Theres Prommersberger aus Cham abgängig.

Ihr Ehemann heißt Max Prommersberger und ist beim Militär in der 2. Kompanie des 6. Infanterie-Regiments in Amberg. Da die Ertrunkene am Steg in Stadtamhof den Namen Max hinausschrie, besteht durchaus der begründete Verdacht, Theres Prommersberger ist die Tote und ihr Mann hat sie ertränkt. In der Ehe soll es schon lange kriseln und von Drohungen ist bekannt geworden, die der Ehemann mehrmals gegen die Frau ausgestoßen haben soll."

Nachdem zwischenzeitlich Schwestern der Getöteten den Schwager der Tat bezichtigten und plausible Gründe für die Behauptung nannten, festigte sich der dringende Tatverdacht gegen den Ehemann. Er wurde zur Zielperson der weiteren Ermittlungen.

Tätercharakteristik und Tathergang

Prommersberger Max, geboren am 15. Oktober 1884 in Radling, Bezirksamt Cham, ehelichte Anfang des Jahres 1914 die am 23. November 1886 in Grafenkirchen geborene Magd Theres. Er war Hilfspostschaffner in Cham, beide hatten bereits einen gemeinsamen Sohn mit Namen Max, und das Zusammenleben verlief in gegenseitiger Achtung problemlos.

Schon am 3. Mobilmachungstag im 1. Weltkrieg wurde Max zum Ersatzbataillon des 6. Infanterie-Regiments nach Amberg einberufen. Zu diesem Zeitpunkt war Theres schwanger und gebar im

Dezember 1914 einen zweiten Jungen, getauft auf den Namen Josef.

Der erste Kurzurlaub brachte gleich arge Missstimmung in die Ehe hinein. Prommersberger besuchte seinen Stiefvater Kagermeier in Birnbrunn. Ihn bat er, den mitgebrachten Buben Maxl in Pflege und Obhut zu nehmen. Bei ihm sah er das Kind besser versorgt als bei der leiblichen Mutter in Cham. Seiner Ansicht nach beanspruchte der Säugling Sepperl sie mehr als genug, deshalb wollte er ihr Entlastung verschaffen. Nur tat er dies ohne Absprache mit Theres. Sie fühlte sich brüskiert und die Mutterrolle untergraben, begehrte gegen des Mannes Eigenmächtigkeit auf. Die erste große Zwietracht hatte sich zwischen den Eheleuten breitgemacht.

Kleinere Querelen häuften sich in der Folgezeit. Zum ersten, handgreiflichen Zerwürfnis kam es im Sommer 1917, als Theres, ohne den Mann zu fragen, Maxl aus Birnbrunn heim in die mütterliche Betreuung holte. Prommersberger erzwang, dass der Bub zu Kagermeier zurückkam, von wo ihn die Mutter im Frühjahr 1918 abermals gegen den Willen des Kindsvaters zu sich nahm. Maxl war zum ständigen Zankapfel zwischen den Eltern geworden, die sich mehr und mehr entfremdeten.

Prommersberger nahm es während der Militärzeit nicht mehr ernst mit der ehelichen Treue. In Amberg hielt er sich eine Geliebte und führte mit ihr ein ausschweifendes Leben. Selbst als die Gespielin Adelheid erfuhr, dass er verheiratet sei, beendete sie das Luderleben nicht, sondern drängte den Geliebten massiv zur Scheidung, um dann von ihm geheiratet zu werden.

„Ich will eine Lösung. Ich hab's satt, nur s' G'spuserl zu sein. Wennst net bald was unternimmst, san mir zwoa g'schiedene Leut'! Und zwar für immer."

Diese in heftiger Erregung von der Konkubine ausgestoßene Drohung zeigte Wirkung. Prommersberger wollte sie nicht verlieren, andererseits aber auch seine Frau der Kinder wegen nicht verlassen. Er suchte nach einem brauchbaren Ausweg, kam aber immer zur selben Lösungsmöglichkeit: Er müsste seine Frau beseitigen.

118

In einem Brief beschuldigte er Theres der Untreue und stellte zugleich in Abrede, der Vater von Maxl und Sepperl zu sein.

„Mit so einer hinterlistigen, betrügerischen Hure will ich nichts mehr zu tun haben. Ich lass' mich scheiden."

Theres sträubten sich die Haare. „Der Mensch ist doch damisch wor'n. So was sagt doch nur a Verrückter." Sie reagierte nicht auf die Anwürfe.

Prommersberger erbost darüber, dass Theres ihm die kalte Schulter zeigte und nicht antwortete, schlug noch tiefer in die Kerbe der Boshaftigkeit. In allen Einzelheiten schilderte er Liebesabenteuer mit anderen Frauen, nur um sie aus der Reserve zu locken. Selbst dieser Gipfel der Scham- und Geschmacklosigkeit vermochte es nicht, Theres zu bewegen, ihm gleich welcher Art, einen Grund für ein Scheidungsbegehren zu liefern. Mit der Sturheit, wie sie alle seine beleidigenden Briefe ignorierte, hatte er nicht gerechnet. Er wurde verunsichert, wusste sich nicht anders mehr zu helfen, als Theres auf die sanfte Tour kirre zu machen, um dann den absoluten Tiefschlag auszuführen.

Um keinen Verdacht aufkommen zu lassen, er hege böse Absichten gegen Theres, entschuldigte er sich wortreich für die brieflichen Grobheiten und Entgleisungen, gelobte wieder ein braver, treuer Ehemann und liebender Vater für die Kinder zu sein. Die Frau bewahrte sich ihre Skepsis, wartete ab, inwieweit sie seinen Versprechungen glauben könne.

Mitte November 1918 hatte Prommersberger Urlaub bekommen. Theres nutzte die Gelegenheit zu einer klärenden Aussprache. Sie stellte sich vor ihm in Positur, fragte ruhig und bescheiden:

„Wiea soll's denn mit uns weitergeh'n. Derf ich des erfahr'n?"

Der Mann grinste sie nur an, antwortete nicht.

„Ich bin noch da, wart auf Antwort."

Wieder sah er trotzig an ihr vorbei ins Leere. Da begann Theres ihm ins Gewissen zu reden.

„Warum dichtest du mir solche Schlechtigkeiten an? Wieso hast allaweil solche schlechte Gedanken? Was tätst'n, wenn ich wirklich was anstellen würd? Hast'n überhaupt koa Vertrauen zu mir?"

Max und Theres entzweiten sich immer mehr. Tagelang schwiegen und ödeten sie sich an. Da ergriff sie erneut die Initiative, stellte sich ihm in den Weg.

„Kann ma mit dir überhaupts nimmer vernünftig red'n? Was bist du doch für a hirnrissig's Mannsbild."

Prommersberger sprang vom Stuhl hoch, ergriff ein auf dem Tisch liegendes Brotmesser und setzte ihr die Klinge mit einer gefährlichen Drohgebärde an den Hals.

„Stich zua, wennst zum Mörder wer'n wuist", sprach sie sachlich, kühl und leise auf ihn ein. Beeindruckt von ihrer Kaltschnäuzigkeit warf er das Messer auf den Boden und floh regelrecht aus dem Haus. Theres zitterte am ganzen Körper, und das ganze Elend brach aus ihr heraus. Sie weinte hemmungslos.

Anderntags saßen beide am Kaffeetisch. Theres gab sich alle Mühe zur Versöhnung. Plötzlich wurde ihr übel. Am bitteren Nachgeschmack des Kaffees merkte sie, dass etwas nicht stimmte.

„Hast mia heut' a Gift in Kaffee eini geb'n," sagte sie beiläufig und fragend.

Entrüstet fauchte er sie an: „Wiea kannst'n so ebbas von mir annehma. Ich hab' nur a wengerl Zucker und Karlsbader Salz dazua geb'n. Heutzutag macht ma des so."

Theres traute der Geschichte nicht, blieb auf der Hut.

Der Urlaub war zu Ende, Max zurückgekehrt in die Kaserne, da erkrankten die beiden Buben nach dem Genuss von Marmelade. Zugleich fiel Theres auf, dass Grieß, gekauft im Kommunalverband Cham, einen brennenden, scharfen Geruch verbreitete. Eine fachspezifische Untersuchung wies nach, dass eine zerstoßene „Sublimatpastille" (Pastille mit Quecksilberverbindung) dem Zucker, der Marmelade und dem Grieß beigemengt war. In größeren Mengen genossen, wäre es todbringend gewesen.

Mit einem geharnischten Brief machte sich Theres Luft und dem Mann bittere Vorwürfe. Sie schrieb:

„Weilst dich mitm Messer net traut hast, mich umzubringen, probierst es jetzt mitm Gift und denkst net dran, dassd net nur mich, sondern auch die Kinder triffst. Was bistn blos für a jämerliche Figur."

Die Antwort von Max ließ nicht lange auf sich warten. Er schrieb zurück:

„Was du mir gschrieben hast, stimmt überhaupts net. Wiea könnt ich den Kindern so was antuan. Der giftige Dreck muaß woanderst hinein kommen sein. Glaub mir, Resei das bin ich net gwesen."

Hatte sie ihm vielleicht doch Unrecht getan? Theres wollte so gerne glauben, was in dem Brief stand.

Ein paar Tage später brachte ihr der Postbote erneut einen Brief von Max. Nach endlos langer Zeit gebrauchte er wieder die Anrede: „Liebste Resei". Sie solle am 17. Dezember zu ihm nach Amberg kommen, es gäbe etwas Dringliches zu bereden, schrieb er. Um was es sich dabei handeln würde, darüber ließ er sie im Unklaren.

Von der Einladung erzählte Theres ihren Schwestern. Diese rieten davon ab, zu ihm zu fahren. „Noch nie hat er dich in Amberg haben woll'n. Da steckt doch eine Lumperei dahinter."

Alle Unkenrufe und Warnungen ignorierend, fuhr Theres am 17. Dezember 1918 mit dem Frühzug von Cham nach Amberg. Sie glaubte an einen Sinneswandel des nach wie vor von ihr geliebten Mannes, und wie hätte sie das neu entstehende Zutrauen besser ausdrücken können, als ihn die persönliche Nähe spüren zu lassen. Eine Fehleinschätzung mit tödlichen Folgen. Denn die Einladung erfolgte nach der ultimativen Forderung der Geliebten: „Schaff endlich das böse Weib aus dem Weg."

Prommersberger entschloss sich zu handeln, um das missliebige Eheweib doch los zu werden.

Um 8 Uhr früh fuhr der Zug in den Bahnhof Amberg ein. Max erwartete Theres schon am Perron (Bahnsteig). Er hatte um Freistellung vom Dienst nachgesucht. Der Kompaniefeldwebel (Spieß und Mutter der Kompanie) erfüllte ihm großzügig den Wunsch, die Frau am Bahnhof abholen zu können, vom Dienst frei stellte er ihn erst am Nachmittag.

Theres und Max gingen in die Kaserne, sie hielt sich bis zum Ende des Vormittags in der Kantine auf. Am frühen Nachmittag bestiegen beide den Zug nach Regensburg. Max hatte vorgegaukelt, bei der Oberpostdirektion vorsprechen zu sollen, es ginge um seine Weiterbeschäftigung als Postbote, wenn er demnächst aus dem Militärdienst entlassen werde. Theres zeigte sich darüber hocherfreut und sah insgeheim ihren Max schon wieder in der schmucken, blauen Postleruniform. Wegen einer längeren Zugverspätung in Schwandorf trafen sie erst um halb 7 Uhr abends am Zielort ein.

Beide standen an der Oberpostdirektion vor verschlossenen Türen. „Wie hast denn nur glauben können, dass um diese Zeit noch jemand im Amt is", sagte Theres. „Den Weg daher hätt ma uns spar'n könna."

„Ich hab' doch net damit rechnen könna dassma so spät ankomma. Ich geh' halt gleich morgen in aller Fruah hin. Gengama erst amoi was essen", schlug er tröstend der tief enttäuschten Theres vor.

Im Karmeliterbräu packte Theres aus dem mitgeführten Tragekorb aus: Hartgekochte Eier, ausgezogene Kücherl und für jeden eine Blut- und Leberwurst. Dazu tranken sie Bier. Den Verzehr mitgebrachter Esswaren im Lokal duldeten die Wirtsleute, weil dies von einem Soldaten in Uniform geschah. Nach aussen hin gaben sich Theres und Max gut gelaunt und harmonisch.

„Mir übernachten in am Gasthof draußen in Stadtamhof. Da is billiger."

„Muaßt net heut' Nacht wieder in der Kaserne einpassier'n?", fragte Theres.

„Na, morgen hab' ich noch frei. Wegen der Vorsprache' bei der Post", log er.

Obwohl die Nacht schon hereingebrochen war und es ziemlich abkühlte, sträubte sich Theres nicht gegen sein Begehren, einen Spaziergang am Regenfluss zu machen.

„A kloana Verdauungsspaziergang hat noch niea g'schadet", munterte er sie auf.

Einträchtig untergehakt, gingen sie in Stadtamhof über die Regenbrücke nach Reinhausen, dort flussaufwärts das Ufer entlang bis zu der von Weichs nach dem unteren Wöhrd fahrenden Fähre.

Prommersberger, vom März bis Dezember 1913 Hilfspostbote in Stadtamhof, kannte sich in der Gegend gut aus und wusste genau, wo er sein mit Hinterlist angelegtes Verbrechen ausführen könne, ohne mögliche Spuren zu hinterlassen. Er führte die Frau an den Steg der Regenbrücke. Ungeduldig und furchtsam geworden, sagte Theres: „Was soll der Unfug mit der Rumgeherei in der Nacht. Fahr'n ma wieder z'ruck nach Amberg oder ich fahr' wieder heim nach Cham. Bring' mich zum Bahnhof. Da wui ich nirgends übernachten."

Ohne ein Wort zu verlieren, versetzte Max ihr einen Stoß dicht neben dem Steg. Theres stolperte, bekam ihn am Arm zu fassen und beide rollten eine Böschung hinab. Sie begann in Todesangst laut um Hilfe zu schreien, just in dem Augenblick, wo der entsprungene Zuchthaussträfling dies hörte. In Tötungsabsicht drückte Prommersberger seine Frau mit dem Gesicht nach unten ins Wasser und ersäufte sie.

Mangels eines glaubhaften Alibis in Untersuchungshaft genommen, wehrte er sich zunächst gegen jeden Tatvorwurf. Bei der Konfrontation brach sein Lügengebäude indes zusammen. Er gestand das Verbrechen wie geschildert.

In der öffentlichen Sitzung vom 7. März 1919 verurteilte das Volksgericht Regensburg Max Prommersberger wegen Mordes an seiner Ehefrau Theres **zum Tode.**

K. Staatsanwaltschaft
Reg. 21 Juni 1919 No.
REGENSBURG

Das

~~Landgericht~~ — Volksgericht — Regensburg, ~~Strafkammer,~~

hat in seiner öffentlichen Sitzung vom 7. XI. März 1919

in der Untersuchungssache gegen *Prommersberger Mag, Hilfsgeschäftsführer von*

Thann zu Agen,

wegen *Mordes zu. v.*

~~nach~~ mittags 6 Uhr — Minuten folgendes

Urteil

erlassen:

I. *Mag Prommersberger, geb. am 15. Oktober 1884 in Thann, katholisch,*
evang. Hilfsgeschäftsführer, z. Zt. dahier in Amberg. Haft,
ist schuldig eines Verbrechens des Mordes und wird hiewegen
zur Todesstrafe verurteilt.
Es wird auch Dauernder Verlust der bürgerlichen Ehrenrechte
erkannt.
Dagegen wird er von zwei Verbrechen des Versuchs zu je einem
Verbrechen des Mordes freigesprochen.
Die Kosten fallen, soweit Prommersberger verurteilt, diesem,
soweit er freigesprochen, der Staatskasse zur Last.

II. *Koblenz Brand z. g.*

III. *Zur Abteilung 11.*

Vorstehendes Urteil ist vollstreckbar.
Regensburg den 21. Juni 1919.

**Gerichtsschreiberei des Landgerichts
Regensburg**

Schweiger, Obersekretär.

14

Nr. 19098./   Bamberg, den 17.Juni 1919.
B.Staatsministerium der Justiz.

       An   B. Staatsanwaltsch.
den Herrn Staatsanwalt bei dem Land-   Pr..
gerichte Regensburg.   REGENSBURG

      Betreff:

Das Todesurteil des Volksgerichts   Der Ministerrat des Freistaates
Regensburg vom 7.März d.Js. gegen   Bayern hat am 16.d.Mts.die Todesstra-
den Hilfspostschaffner Max   fe, die das Volksgericht Regensburg
Prommersberger von Cham.   am 7.März d.Jrs.gegen den Hilfspost-
                                schaffner Max Prommersberger von
Zu den Berichten vom 14.März d.J.   Cham wegen eines Verbrechens des Mor-
u. vom 9.v.Mts.   des ausgesprochen hat, im Gnadenweg
                                in lebenslängliche Zuchthausstrafe .
Mit den Beilagen des Berichts   zu mildern beschlossen.
vom 9.v.Mts.

Mit Beschluss des Ministerrates des Freistaates Bayern vom 16. Juni 1919 wurde im Gnadenwege das Todesurteil abgewandelt in eine lebenslängliche Zuchthausstrafe.

Prommersberger hatte sich bei seinem ausschweifenden Lebenswandel eine Lustkrankheit zugezogen, ohne sich ärztlich behandeln zu lassen. Wegen dieser Lustseuche schließlich haftunfähig geworden und vom Zuchthaus Straubing in eine offene Heil- und Pflegeanstalt eingewiesen, verstarb er dort am 9. März 1936 an progressiver Paralyse, einer fortschreitenden Gehirnerweichung im Endstadion der Syphilis.

Angst um das Erbe
führte die Mörderhand

Bezirksamt Kötzting

Betreffend. Die gegen den Gastwirtssohn Georg Schmucker von Lederdorn ausgesprochene Todesstrafe.

I. Urteil

Das Volksgericht Straubing hat am 7. November 1923 den Gastwirtssohn Georg S c h m u c k e r von Lederdorn, wegen eines Verbrechens des M o r d e s , begangen an der Dienstmagd Maria Karl in Lederdorn unter Aberkennung der bürgerlichen Ehrenrechte auf Lebensdauer e i n s t i m m i g zur To d e s s t r a f e verurteilt.

II. Vorleben

Georg S c h m u c k e r , am 29. Dezember 1895 in Lederdorn, Bezirksamt Kötzting, geboren, war der Sohn vermögender und in Lederdorn hoch angesehener Gastwirtseheleute. Er wuchs zusammen mit zwei älteren Geschwistern im Elternhause auf, besuchte die ländliche Schule mit ansprechendem Erfolg und wurde nach strengen ethischen und moralischen Wertmaßstäben im christlichen Glauben erzogen. Nach dem Ende der Schulzeit arbeitete er bei der Bewirtschaftung des väterlichen Anwesens mit den Eltern, der Schwester und dem Bruder zusammen.

Im Januar 1916 rückte er zum Militär ein. Als Soldat an der Front kämpfend, erlitt er zwei Verwundungen und erhielt das Eiserne Kreuz II. Klasse. Vom Juni 1918 bis Dezember des gleichen Jahres befand er sich wegen eines Nerven- und Herzleidens in Lazarettbehandlung und wurde danach ehrenhaft aus dem Militär entlassen.

Trotz seiner Kriegsverletzungen kaum noch sichtbar gehbehindert, war er sowohl körperlich wie auch geistig voll gesund und in der wieder aufgenommenen Tätigkeit im elterlichen Anwesen nicht merklich beeinträchtigt. Seinem Wesen nach war er stets ein anständiger, ruhiger, verträglicher Mensch, den alle Dorfbewohner seines ungetrübten Leumunds wegen achteten und schätzten. Als Erbe für die Gastwirtschaft ausersehen, forderte der Vater von ihm noch eine Ausbildung als Metzger.

„Girgl, du wirst einmal der Wirt sein. Dazua is notwendig, dass du auch von der Metzgerei was verstehst. Ich hab' schon mit am Metzgermoasta z' Kötzting draußen g'redt. Du kannst bei eam in d' Lehr geh'n."

„Moanst du des ernsthaft?", fragte der Sohn zurück. „Ich bin doch scho fünfazwanzg Jahr alt. Gibt's denn in am solchen Alter noch an Lehrbuam?"

„Was ich g'sagt hab', des guit. Richt dich danach."

Der alte Schmucker duldete nach wie vor keinen Widerspruch, also fügte sich Georg und begann eine Metzgerlehre in einem renommierten Metzgereibetrieb in Kötzting. Nach einiger Überlegung war ihm selber klar geworden, dass diese Ausbildung nur dienlich sein konnte, zur gegebenen Zeit die Gastwirtschaft auch richtig führen zu können.

Sonntag, der 4. März 1923. Georg Schmucker hatte in der Pfarrkirche zu Kötzting den katholischen Gottesdienst besucht. Von der Empore aus sah er unten im Betstuhl Maria Karl, die Magd in Diensten der Nachbarseheleute Karl und Theres Heigl von Lederdorn. Wie vom Blitz getroffen kam ihm die Erleuchtung, dass das Mädel ja bedeutend hübscher war, als er sie in ihrer Arbeitskluft als Bauernmagd einschätzte. Bisher hatte er in ihr nur eine graue Maus gesehen und war meistens achtlos an ihr vorübergegangen. Ihn überkam das Bedürfnis zu einer persönlichen Annäherung, die sich anstandslos bewerkstelligen ließ.

Georg ging vorzeitig aus der Kirche, um am Portal auf Maria zu warten. Diese war erstaunt, dem Wirtsgirgl, wie er landläufig geheißen wurde, zu begegnen.

„Grüß dich Maria", sprach Georg das Mädchen an. „So eine Überraschung, dich da an der Kirch' zu treffen."

„Des is nix b'sonderes. Ich geh' öfter daher zum Beten. Die Kirch' g'fallt mir und der Pfarrer predigt auch schöner wie der unsrige z' Lederdorn."

„Is verlaubt, mit dir hoam z'geh'?"

„Wanns dir nix ausmacht, gern."

Georg, der allgemein als nüchtern und zurückhaltend galt, entpuppte sich auf dem Heimweg als gewiefter Spaßmacher. Scherzend und witzelnd brachte er Maria immer wieder zum Lachen und sorgte auf der immerhin einige Kilometer weiten Wegstrecke für angenehme Kurzweil.

Zwischen Georg und Maria bahnte sich ein gemeinsames Verständnis für die schönen Dinge des Lebens an, das sich fortentwickelte zur Zuneigung und Begehrlichkeit. Beide waren bald ein geheimes Liebespaar.

Das Fenster zu Marias Kammer stand für Georg ständig offen. Beide teilten sich das Bett in heißen, innigen Umarmungen. Sie waren ein Herz und eine Seele bis zu jenem Zeitpunkt, als Maria dem Geliebten offenbarte, sie sei schwanger, erwarte von ihm ein Kind. Ein Keulenschlag hätte ihn nicht härter treffen können als diese Hiobsbotschaft. Allen Mut zusammen nehmend, fragte er: „Seit wann weißt du's?"

„Schon eine zeitlang. G'wiss aber erst seit einer Woch'n. Da bin ich beim Dokter z' Kötzting draußen g'wesen und der hat gmoant, es warn bereits an die drei Wochen."

Schlimmeres hätte Georg nicht widerfahren können. Die Liaison mit der „Bauerndirn" durfte dem Vater unter keinen Umständen bekannt werden. Erst vor kurzem hatte dieser ihm eine Hochzeiterin aufdrängen wollen. Burgl hieß sie, war keine Schönheit, dafür aber stinkereich und stammte aus der Gegend um Cham. Ihm drehte sich der Magen um, wenn er auch nur daran dachte, diese Frau einmal lieben zu sollen. Freiweg sagte er dies dem Vater, worauf der antwortete: „Wannst die Burgl net nimmst, kannst d' Wirtschaft vergessen. Dann enterb ich dich."

An diese Begebenheit dachte Georg, als er Maria wortlos verließ. Rascher als er angekommen war. Ihn quälte plötzlich die Angst, Maria könnte einfordern, sie zu heiraten. Dann müsste er dem auch jetzt noch gefürchteten Vater sagen, mit wem er sich eingelassen hatte und das würde ihn das Anerbe kosten.

Georgs nächtliche Besuche bei Maria blieben aus. Er hatte die Unglückliche sang und klanglos von sich geschoben, gewissermaßen sitzen gelassen. Tag und Nacht grübelte er darüber, wie er die leidige Angelegenheit aus der Welt schaffen könne. Ihr einen guten Dienstplatz weit weg von Lederdorn zu besorgen und sie mit reichlich Geld abzufinden, versprach er in einem letzten Gespräch, doch Maria ließ sich nicht abwimmeln, verlangte von ihm, sich zu ihr und dem werdenden Kind zu bekennen. Deutlich und bestimmt machte sie ihm außerdem klar, den Bauersleuten Heigl das Schwangerschaftsverhältnis preis zu geben, falls er sich weiterhin sträube, zu seiner Verantwortung zu stehen.

Diese offene Drohung war für Georg zu viel. In ihm reifte der unumstößliche Gedanke heran, Maria zu beseitigen. Wie, wann und wo das geschehen sollte, dazu würde sich schon die passende Gelegenheit ergeben, ohne dass ein Tatverdacht auf ihn falle.

III. Tat und Tathergang

12. Juni 1923. Maria Karl litt seit dem frühen Morgen an Unpässlichkeit. Übel und leicht schwindlig war ihr in kurzen Zeitfolgen. Bauer Heigl bemerkte mit Unbehagen, dass der üblicherweise flotten Arbeiterin nichts von der Hand ging. Er hielt sich aber zurück, nach dem ungewohnten Verhalten zu fragen. Seiner Frau ließ er allerdings wissen, dass die Dirn gar unleidlich ist und es gut wäre, ein wenig auf sie aufzupassen.

„Mit der Marie stimmt scho seit einiger Zeit irgendwas nimmer", sagte Theres daraufhin zum Ehemann. „Vielleicht iss gar krank?" Dass Maria in anderen Umständen sein könnte, auf die Idee waren beide nicht gekommen. Wieso auch. Die Magd hatte keinen bekannten Umgang mit Mannsbildern.

Dass sie mit dem Wirtsgirgl turtelte, wäre niemandem in den Sinn gekommen. Schlechthin war sie die Unschuld vom Lande und galt als die Keuschheit in Person.

Am Abend, als die Bauersleute mit der Magd die Nachtsuppe aus einer größeren hölzernen Schüssel löffelten, verhielt sich Maria schweigsam wie immer und täuschte mächtigen Hunger vor. Obwohl ihr klar war, sich in Kürze übergeben zu müssen, aß sie mit großem Appetit. „Nur nicht auffallen, nichts anmerken lassen", besänftigte sie sich. Ihr war nämlich nicht entgangen, dass die Bauersleute sie schon länger neugierig beäugten.

Von weit her war Donnergrollen zu hören. Ein Gewitter schien sich aufzutun. Kein Wunder bei der Schwüle, die einem das Gewand am Körper kleben ließ. Hart war der Tag gewesen, nicht weniger Arbeit würde der nächste bringen. Für den Heiglbauern Grund genug, zeitig zu Bett zu gehen.

„Ich bin rechtschaffen müd', gengma schlafen", sagte er zur Frau und der Magd, stand auf vom Tisch und ging erst noch hinaus in den Stall, um sich zu vergewissern, dass beim Vieh alles in Ordnung ist. Die Magd rief ihm ein „Gut' Nacht" hinterher und stieg hinauf die Treppe zu ihrer Kammer auf dem Dachboden. Nach einem kurzen Nachtgebet schickte sie sich an, schlafen zu gehen.

Das Sandmännchen hatte seine Schuldigkeit noch nicht getan, bei Maria wollte sich die Bettschwere partout nicht einstellen. Das gab ihr Zeit zum Grübeln. Wussten die Bauersleut' um ihren Zustand? Hatten sie etwas bemerkt von Georgs nächtlichen Besuchen in ihrer Kammer? Warum schmähte dieser sie? Wenn er nur wieder käme. Alles Ungute, das zwischen ihnen geschehen war, würde sie verzeihen. Sie liebte ihn doch so sehr!

In großer Seelenpein allein gelassen, schlummerte Maria ein mit einem lieben Gedanken an den Vater ihres künftigen Kindes, der im Begriffe war, mit ihr auch dieses heranwachsende Lebewesen zu töten.

Schmucker hatte sich durchgerungen, die ihm sicherste Tötungsart zu wählen: Stiche mit dem Schlachtermesser ins Herz. Als nicht mehr zu befürchten war, von irgendjemandem gesehen zu werden, schlich er sich zur nachtschlafenden Zeit gegen 11 Uhr mit einer hauseigenen Leiter an das Bauernanwesen Heigl heran, stieg ein paar Sprossen hinauf und klopfte an Marias Kammerfenster. Im Unterbewusstsein erkannte sie am Klopfgeräusch Georgs Handschrift. Sie sprang aus dem Bett. „Er iss wieder kommen", jubelte es in ihr, als sie den Fensterriegel zurückschob.

„Kimm eina", flüsterte sie ihm zu. Statt hinein zu steigen, stieß Georg ihr die scharfe Klinge eines feststehenden Messers zuerst in die rechte Brustseite, dann ein zweites Mal in den Bauch. Stark aus den Wunden blutend, fing die Schwerstverletzte an zu schreien und warf sich aufs Bett.

Der Bauer Heigl und seine Bäuerin konnten trotz starker Übermüdung nicht schlafen. Ihn plagte das Podagra, sie schmerzten die angeschwollenen Beine. Theres stand auf, rieb sich die hervorgetretenen Krampfadern mit Franzbranntwein ein, empfand danach eine schmerzlindernde Wirkung und legte sich wieder ins Bett.

„Hilfe! Hilfe! Helfts mir doch!" Markerschütternde Schreie kamen aus Marias Kammer. Die Frau rüttelte den Mann neben sich wach.

„Komm steh' auf. Mach' schnell. Die Maria schreit furchtbar um Hilfe."

Beide eilten die Treppe hoch und standen vor der abgesperrten Zimmertür. Der stämmige Mann warf sich mit seinem ganzen Gewicht dagegen. Das Holz splitterte, die Tür sprang auf. Im schwachen Licht der Deckenlampe sahen sie Maria zusammengekrümmt auf dem Bett liegen. Blut quoll aus ihrem Körper.

„Um Gotteshimmelswillen, was is denn passiert?" Das Grauen hatte die gottesfürchtige Bäuerin überkommen. „So sag doch was, Maria." Das heftige Jammern und Stöhnen der Sterbenden ging über in ein lautes Röcheln. Mit letzter Kraftanstrengung vermochte sie noch zu sagen: „Der Wirtsgirgl hod mi g'stocha", dann ergoss sich noch ein Blutschwall aus ihrem Munde und färbte das Bettzeug dunkelrot ein. Ein letzter, lang gezogener Seufzer noch, dann war das Leben der 25-jährigen Dienstmagd Maria Karl zu Ende. Verblutet an von Mörderhand geführten Messerstichen.

Für den Ortsgeistlichen und den Arzt, beide von den Bauersleuten Heigl herbeigerufen, gab es nicht mehr viel zu tun. Der Pfarrer spendete gottbefohlen noch das heilige Sakrament der letzten Ölung, und der Doktor schrieb den Totenschein aus.

IV. Festnahme und Beweisführung

Georg Schmucker wurde am Vormittag des 13. Juni 1923 von Beamten der Gendarmerie im Hause der Eltern in Lederdorn festgenommen und dem zuständigen Ermittlungsrichter in Kötzting zugeführt.

Die Menschen in Lederdorn waren aufgebracht, empört und in tiefer Trauer. Der „Wirtsgirgl", dessen Vater einst lange Jahre Bürgermeister von Lederdorn war, hatte nicht nur Schande über seine Eltern und Geschwister gebracht, auch die gesamte Einwohnerschaft fühlte sich durch die ruchlose Tat des Mitbürgers um ihre Ehre betrogen. Die Leute fragten sich, wie solches geschehen konnte. Welche Bewandtnis es hatte, dass ein als anständig und zurückhaltend qualifizierter junger Mann zu so einem schrecklichen Verbrechen fähig wurde.

In langwierigen Verhören beim Untersuchungsrichter bestritt Georg Schmucker, die Tat begangen zu haben. Außer Zeugschaften der Bauersleute Heigl gab es keinen Beweis für seine Täterschaft. Er und die Getötete konnten die kurzzeitige Liebschaft so geheimhalten, dass keiner im Dorf in der Lage war, die beiden miteinander in Verbindung zu setzen. Dennoch gelang es den Ermittlern in der Beweiskette Glied an Glied aneinander zu fügen, sodass Schmucker letztendlich nichts anderes übrig blieb, als zu gestehen. Sein Versuch, die Tat als Kurzschlusshandlung hinzustellen, misslang. Diese Version fand weder beim Staatsanwalt noch beim Gericht Anerkenntnis.

Aussageprotokoll (Auszüge der gerichtlich verwertbaren Fakten):

Die Mitteilung der Karl, sie bekomme von mir ein Kind, war mir höchst unangenehm. Sie war geeignet, mein ganzes Leben durcheinander zu bringen: Eine reiche Heirat zu verhindern, die Erbschaft zu vereiteln und den guten Ruf zu verlieren.

…

Am 12. Juni wartete ich zu Hause, bis alle Hausbewohner ins Bett gegangen waren und im Dorf vollkommene Nachtruhe eingekehrt war, dann holte ich eine Leiter aus dem Geräteschupfen und ging gegen 11 Uhr nachts zur Karl ans Kammerfenster. Ich klopfte, sie machte auf. Ohne ein Wort zu sagen, griff ich nach ihrem linken Arm, zog das von mir ständig mitgeführte feststehende Messer und stieß blitzschnell zu. Zuerst in die rechte Brustseite, dann in den Bauch. Die Maria schrie sofort, Hilfe, Hilfe, helfts mir doch, dann wurde sie leiser. Ich stieg von der Leiter hinab und wartete unten, was weiter geschieht. Ich wollte hören, ob jemand vom Haus die Schreie gehört hatte. Gar bald kamen die Heigls.

Als ich die Maria Wirtsgirgl sagen hörte, beeilte ich mich, davon zu kommen. Die Leiter nahm ich mit und verbarg sie in einem nahen Feld. Meine blutbespritzten Hände und das blutige Messer reinigte ich am kleinen Bächlein, das bei uns daheim vorbeifließt. Danach ging ich ins Bett und schlief gleich ein. Am Morgen stand ich zeitlich wie immer auf, wusch unbemerkt noch einmal das Messer gründlich ab, damit es wirklich ganz sauber war. Ich brauchte es zum Abschneiden meines Frühstücksbrotes.

Ich war nicht mehr ganz da, als ich zugestochen habe. Ich muß bewußtlos gewesen sein, sonst hätte ich es nicht getan.

…

Ich gebe nunmehr zu, die Maria gewollt erstochen zu haben. Ich mußte es tun, weil ich Angst hatte, daß mich der volle Zorn des Vater treffen tät, wenn er erfährt, daß ich einer nicht standesgemäßen Bauernmagd ein Kind gemacht habe und dafür Alimente zahlen müßte. Das hat mir den Schweiß auf die Stirn getrieben und eine innere Stimme hat gesagt, bring sie um.

…

134

Die von einer ärztlichen Gerichtskommission durchgeführte Obduktion ergab den Befund:

1. Wuchtig geführter Stich in die rechte Brustseite durchtrennte 2 Rippen glatt, schnitt 2 weitere Rippen an und drang durch das Zwerchfell tief in die Leber ein,
2. der Tod trat durch Verbluten ein,
3. die Getötete war im 2. Monat schwanger.

Der im Verbrechensfalle federführende Staatsanwalt bei der Staatsanwaltschaft Straubing klagte den mittlerweile im Landgerichtsgefängnis in Straubing inhaftierten Georg Schmucker des vorsätzlichen Mordes an.

Das Gesamtergebnis der Ermittlungen und die tatsächlichen Feststellungen auch am Tatort ließen keinen Zweifel darüber aufkommen, dass es sich bei Schmuckers Tat um einen in allen Einzelheiten vorbedachten und planmäßig ausgeführten Mord handelte. Gestützt sah der Staatsanwalt die Beweislage auch durch die Tatsache, dass Schmucker wegen seiner Sachkenntnis als Metzger gedachte, durch gezielte Stiche in das Herz den sofortigen Tod herbeizuführen, um es dem Opfer unmöglich zu machen, ihn als den Täter zu entlarven.

Das Gericht geißelte Schmucker, er habe ein junges Mädchen, das

1. fleißig, ordentlich, zurückgezogen lebte, dem der Dienstgeber großes Vertrauen entgegenbrachte,
2. mit ihren 25 Jahren auf Grund der äußeren Erscheinung auch anderen begehrenswert erschien,
3. ihm in schwachen Stunden zu Willen war und dabei geschwängert wurde,

heimtückisch und hinterhältig ermordet und dabei auch das in ihm heranwachsende Kind getötet.

Die Richter des Volksgerichts in Straubing verurteilten ihn deshalb zur Todesstrafe.

Gnadenanträge des Strafverteidigers und des Vaters fanden keine Berücksichtigung, das Todesurteil wurde vollstreckbar.

Die per Gesetz Nr. 43 vom 12. Juli 1919 vom Landtag des Freistaates Bayern eingerichteten Volksgerichte hatten nicht nur Verbrechen gegen den Staat wie Hoch- und Landesverrat abzuurtei-
len, sie waren auch zuständig für die Aburteilung von Mordfällen.
Urteile dieser Gerichte waren rigoros drakonisch und den Förm-
lichkeiten der ordentlichen Strafverfahren nicht unterworfen. Gegen Urteile der Volksgerichte gab es keinen weiteren Rechtsweg,
sie wurden mit der Verkündung rechtskräftig. Dem Verurteilten
stand lediglich das Recht zu, den Bayerischen Ministerrat um
Gnade zu bitten. Machte der Ministerrat von seinem Begnadi-
gungsrecht keinen Gebrauch, wurden die Todesurteile schnellst-
möglich vollstreckt. Die Hinrichtungen erfolgten ausnahmslos
durch Erschießen. Neben den militärischen Erschießungskom-
mandos waren solche der Bayerischen Landespolizei gleichge-
schaltet.

Georg Schmucker wurde im Hof des Landgerichtsgefängnisses in
Straubing von einem Kommando der Bayerischen Landespolizei
erschossen.

Darüber ist vermerkt:

Kommando der Landespolizei
S t r a u b i n g

Urkunde

Heute Vormittag 7 Uhr 30 Minuten wurde das Todesurteil an
dem Gastwirtssohne **G e o r g   S c h m u c k e r , geb. 29. Dezember 1895,** im Hofe des Landgerichtsgefängnisses Straubing durch
Erschießen vollstreckt.

Der Vollzugsbeamte   Straubing, den 6. Dezember 1923
    gez. Reichert   gez. G. Ringel
    Oberleutnant   Mitglied des Volksgerichts

Zur Beglaubigung:
Straubing, den 6. Dezember 1923
Der I. Staatsanwalt
Hümmer

A b s c h r i f t .

Kommando der Landespolizei
S t r a u b i n g .

U r k u n d e .
- - - - - - - - -

Heute vormittag 7 Uhr 30 Minuten wurde das Todesurteil

an dem Gastwirtssohne   G e o r g   S c h m u c k e r ,

geb. 29. Dezember 1895 im Hofe des Landgerichtsgefängnisses

Straubing durch Erschiessen vollstreckt.

Straubing, den 6. Dezember 1923.

Der Vollzugsbeamte:
gez. Reichert   gez. G. Ringel
Oberleutnant.   Mitglied des Volksgerichts.

Zur Beglaubigung:
Straubing, den 6. Dezember 1923.
Der I. Staatsanwalt:

                    Hümmer

Darstellende Geschichte
eines kaltblütigen Ehegattenmordes
auf dem Kainabauernhof
bei Rotthalmünster
im Landkreis Griesbach im Rottal

I. Chronologischer Ablauf

In der Wohnstube auf dem Kainahof fetzte sich der Austrägler Johann Auer gehörig mit seinem Stiefsohn Georg Hofmann.

„Wiea lang wuist mi no hinhaltn mit deim Versprecha, boid a ordentliche Hauserin aufn Hof zu bringa? Ich hab' dir des Anwesen net übergebn, damit wir zwoa a Mannerwirtschaft weiter führn und ois valottern lassn. Des hod koan Taug net, dass oa Kuchelmensch der andern d'Türklinkn in d'Hand druckt, bloß weilst du mit eana dein Spaß hom wuist. Heirat' endlich, damit wieder Ordnung einakimmt ins Haus."

Wütend ging der alte Mann aus der Stube und ließ den Gescholtenen grübelnd zurück.

Georg Hofmann, am 21. April 1910 in Enichl, Gemeinde Pattenham, Landkreis Griesbach im Rottal, geboren, war durch Überschreibung Eigentümer des 43 Tagwerk umfassenden seinerzeitigen Erbhofes geworden. Bei der Übergabe des Anwesens nahm ihm der Altbauer das Versprechen ab, sich baldmöglichst nach einer Bäuerin umzusehen. Ihn drängte es indes nicht so sehr danach, sein sorgenfreies Junggesellendasein aufzugeben. Dazu machte es ihm das andere Geschlecht zu leicht, hinter jedem Weiberrock her zu sein. Die Strafpredigt seines Stiefvaters hatte ihre Wirkung aber nicht verfehlt. Nachdenklich geworden, kam Georg zur logischen Einsicht, es nicht mehr auf die lange Bank schieben zu können, sein Versprechen einzulösen. Das Hauswesen verlangte tatsächlich nach einer ordnenden Hand.

Der Jungbauer erinnerte sich an eine Zufallsbekanntschaft mit einem Schwabenmädl, das in München im herrschaftlichen Dienst stand. Immer öfter kreisten seine Gedanken um Anna, die auf ihn einen nicht mehr auszulöschenden Eindruck hinterlassen hatte. Er suchte ihre Nähe und bat sie um ein Zusammentreffen in München. Schon nach wenigen Stunden des Beisammenseins stellte sich heraus, dass beide mehr übereinstimmende Interessen für schöne Dinge des Lebens zeigten, als dies zu erahnen war. Georg lud Anna bei der Verabschiedung auf den Kainahof ein. Dort entwickelte sich aus einem gemeinsamen Verstehen heraus liebevolle Zuneigung, und sie beschlossen zu heiraten.

Am 12. April 1939 ehelichte Georg Hofmann vor dem Standesbeamten in Rotthalmünster die am 6. August 1909 in Fristingen, Landkreis Dillingen an der Donau, geborene Anna Kraus. Die Neuvermählten begannen sich heiß und innig zu lieben. Auf den Hof war eitel Wonne und Sonnenschein eingekehrt. Zum Gipfel des vollkommenen Glückes fehlte nur noch ein Kind. Obwohl sie eifrig daran arbeiteten, stellte sich bei Anna die erwartete und erhoffte Schwangerschaft nicht ein. Wenn der Altbauer und Austrägler Auer danach fragte, ob der Storch schon im Anflug sei, bekam er von Anna stets die stereotype Antwort: „Des Viech is flügellahm." Womit sie die versagende Schuld Georg zuwies.

Als es auf den Herbst zuging und sich dunkle Kriegswolken am Horizont abzeichneten, rechnete Hofmann wie alle Männer seines Jahrgangs mit einer baldigen Einberufung zur Wehrmacht. Dies bewog ihn dazu, für den Eventualfall seines Ablebens zur Sicherung des Lebensunterhalts seiner geliebten Anna eine weit reichende Verfügung zu treffen: Er verfasste handschriftlich ein Privattestament und bestimmte darin seine Frau zur Alleinerbin.

Noch vor dem Beginn des Polenfeldzuges am 1. September 1939 wurde Georg zum Militär eingezogen. Er bat seinen engsten Freund und Nachbarn, Anna in der Bewirtschaftung des Anwesens beizustehen. Ihr zu helfen, wenn Not am Mann sei. Freund Max nahm Letzteres allzu wörtlich und begann mit der Bäuerin ein ehebrecherisches Techtelmechtel.

1941 gelang es Hofmann, als Erbhofbesitzer uk (unabkömmlich) gestellt und aus dem Militärdienst entlassen zu werden. Doch schon 2 Jahre später holte ihn seine Truppeneinheit wieder zum Kriegsdienst zurück. Nachbar Max eroberte das verloren gegangene Terrain auf dem Kainahof zurück, das ehewidrige Verhältnis lebte auf und dauerte fort bis Januar 1945.

Nach einem Lazarettaufenthalt in Eickelborn erhielt Hofmann Ende Januar bis hinein in die ersten Tage des Februar 1945 Heimaturlaub. In Anbetracht einer ungewissen Weiterentwicklung der Kriegshandlungen, die sich inzwischen in das eigene Land verlagert hatten und immense Menschenopfer abverlangten, entschloss sich Georg, die Erbfolge auf dem Kainahof notariell rechtlich zu regeln. Insgeheim trug er sich länger schon mit dem Gedanken, auch ein Opfer des vermaledeiten Krieges zu werden. Er schloss beim Notar Heppl in Rotthalmünster einen Anna begünstigenden Ehe- und Erbvertrag ab, in welchem eheliche Gütergemeinschaft vereinbart und sie als Allein- und Anerbin des Hofes auch im Grundbuch beim zuständigen Amtsgericht in Rotthalmünster eingetragen wurde.

Etliche Tage vor dem Urlaubsende hinterbrachten Freunde und Bekannte Georg das anstößige Verhalten seiner Frau mit dem Nachbarn Weidinger. Dies war Auslöser dafür, dass er nicht mehr zu seiner Truppe zurückkehrte. Es gelang ihm, bis zum Kriegsende im Mai 1945 in einer Dachkammer auf dem Dachboden des Hofes unentdeckt verborgen zu bleiben. Niemand, auch nicht die besten Freunde und Nachbarn, hatten Kenntnis von seiner Fahnenflucht, damals ein absolut todeswürdiges Verbrechen.

An einem Abend im März oder April 1945, der genaue Tag ist nicht mehr feststellbar, saßen Anna und ihr Liebhaber Max händchenhaltend auf dem Kanapee in der Wohnstube des Kainahofes. Unvermittelt richtete Weidinger an Anna die Frage, was wohl der Schorsch sagen würde, wenn er wüsste, dass sie es mitnander treiben.

„Davor hätt' ich schreckliche Angst. Der bringat mich um. Erschlagen tät' er mich", antwortete Anna.

„Den derschieaß i", entrüstete sich Max.

Georg, auf dem Weg von seinem Versteck ins Schlafzimmer, wo
er sich nächtens aufhielt, hatte, im Flur stehend, die letzten Worte mitbekommen. „Also stimmt's doch, was d' Leut sagn. Der
Hurerei werd' ich ein End' macha." Voller Zorn legte er sich ins
Bett und wartete auf Anna. Er machte ihr geharnischte Vorwürfe, sie stritt indes vehement ab, jemals etwas mit Weidinger gehabt zu haben. Georg forderte sie auf, dem Nachbarn das Betreten des Hofes zu verbieten.

„Ich will den Schweinehund nicht mehr auf meinem Hof sehng!"

Als amerikanische Truppen in Rotthalmünster mit Panzern ein-
rückten, zeigte Hofmann sich, nach langer Zeit wieder ein freier
Mann, auf dem eigenen Hofplatz. Dort traf er ungewollt mit
Weidinger zusammen. Sogleich hielt er diesem entgegen, seine
Äußerung, er wolle ihn erschießen, gehört zu haben. „Da muasst
dich aber no a zeitl geduldn. S' kunnt leicht sein, dass der Schuss
nach hintn los geht", drohte er ihm an.

Hofmann misstraute von nun an seiner Frau. Immer wieder bekam er Annas luderhaftes Benehmen während seiner Abwesenheit
aufs Brot gestrichen, nur wollte er es nicht wahrhaben, was die
Spatzen längst von den Dächern pfiffen. Die Gewissheit indes,
nichts Bestimmtes und Genaues zu wissen, bereitete ihm quälen-
den Kummer. Dessen ungeachtet hielt er aber nicht hinter dem
Berg damit, ihr schändlichen Betrug an seiner Person vorzuwer-
fen.

In der Hofmann'schen Ehe kriselte es fortan nicht nur, es kam zu-
weilen auch zu handgreiflichen Eifersuchtsausbrüchen. Anna ver-
dächtigte Georg, es zeitweise mit einer auf dem Hof beschäftigten
Magd und nebenher noch mit anderen Frauen geschlechtlich getrieben zu haben, er bestritt dieses und entgegnete seinerseits:

„Wer selber Dreck am Stecken hat, braucht sich über andere nicht
mokieren." Als er noch drastischer formulierte: „Zwoa Jahr lang
hast mitm Weidinger rumg'lumpt, dafür soitest als Ehebrecherin
g'steinigt wern", gab sie ihm eine schallende Ohrfeige. Georg

schlug zurück, und im Nu entstand ein, wie man mundartlich sagt, richtiges „G'raffats".

Anna fühlte sich gedemütigt und behandelte ihren Mann in der Folgezeit kühl, lieblos und wie einen Aussätzigen. Sie entzog sich ihm in der Erfüllung der ehelichen Pflichten und begegnete seinem Verlangen, ihm ein Kind zu gebären:

„Des gangat mir grad no ab, dassd ma an Bankerten anhängatst. So an Bastardn wiea du oaner bist. Ich wui niemals a Kind von dir."

Für Georg brach eine Welt ein. Nunmehr wusste er es ganz genau, mit dieser herrschsüchtigen, zänkischen und verlogenen Person werde es auf Dauer kein gedeihliches Zusammenleben mehr geben. Er befasste sich mit Scheidungsgedanken.

Im August 1945 bekam Anna Besuch von ihrer in München lebenden Schwester Josefine. Diese wurde Zeugin eines heftigen Ehestreites. Gegenseitig bezichtigten sich Anna und Georg des Ehebruchs. „Geh' zua, Finni, hol den Weidinger her. Sag' eam, mir ham dringend was mitnander zu bereden", forderte Georg die Schwägerin auf.

Josefine kehrte mit Weidinger zurück. Von Angesicht zu Angesicht wollte Hofmann wissen, ob der Nachbar mit Anna geschlechtliche Beziehungen unterhielt.

„Ja, es ist wahr. Mir ham 2 Jahr lang was g'habt mitnander."

Georg traten die Zornesadern auf der Stirn hervor.

„Verschwind' auf der Stell' von meim Hof und lass di nie mehr da blicken wenn dir s' Leben lieab is."

Mit Entsetzen hatte Josefine das verwerfliche Szenarium verfolgt, war Hals über Kopf heim nach München gereist.

Am 14. Januar 1946 fuhr Anna Hofmann zur Schwester Josefine nach München. Sie wollte sich mit ihr wieder versöhnen und erfuhr bei dieser Gelegenheit, dass Georg mit einer Frau, die irgendwo in Pommern lebte, im Briefwechsel stehe. Als Soldat habe er sie kennengelernt und aus dem Verhältnis sei ein Kind hervorgegangen. Als die Hofmann am 18. Januar heim auf den Kainahof kam, war sogleich wieder Feuer auf dem Dach.

Blanker Hass sprühte aus ihren Augen, als ein Donnerwetter auf Georg niederprasselte.

„Warum hast mir net g'sagt, dass oane z' Pommern drobn von dir an Schrazen hod? Du glaubst woi selber net, des gangat mich nix an. Wiea oid is s' Kind und was issn, a Bua oder a Madl?"

Kurz angebunden antwortete Georg nur: „Des is alloa mei Sach, lass mich in Ruah."

Am 20. Januar 1946 herrschte zwischen den Eheleuten mittags der bereits zur Regel gewordene Streit. Dieser erreichte seinen Höhepunkt, als Georg ihr eröffnete, sich scheiden zu lassen.

„Ich wui von dir nix mehr wissen. Dass du der schuidige Teil sein wirst, is dir doch klar."

Zornbebend fuhr Anna ihn an: „Wo soi ich nachand hin, nachdem ich aufm Hof solang Drecksarbat g'macht hab'?"

Gelassen antwortete er: „Des is mir völlig egal, wosd hingehst. Vom Hof muasst weg."

Georg Hofmann begab sich nach dem Abendessen in eine Rotthalmünsterer Gastwirtschaft, spielte mit Bekannten Tarock und ging gegen 22.30 Uhr von dort weg.

Der Kainabauer ward ab diesem Zeitpunkt von niemandem mehr gesehen.

Am Mittwoch, dem 23. Januar 1946, meldete die Bäuerin Anna Hofmann aus Kaina ihren Ehemann Georg Hofmann bei der Landpolizeistation in Rotthalmünster abgängig. Den diensthabenden Beamten tischte sie die Version auf, der Mann sei vor 2 Tagen frühmorgens nach Pfarrkirchen gefahren und nicht mehr heimgekommen. Polizeilicherseits wurde Hofmann mit Datum vom 21. Januar 1946 zum Vermisstenfall.

Eine erforderliche, gründliche Untersuchung des Falles kam seinerzeit wegen der damals noch herrschenden unzulänglichen Verhältnisse im Polizei- und Rechtswesen nicht zustande. Besondere konkrete Verdachtsmomente, Georg Hofmann könne einem Verbrechen zum Opfer gefallen sein, waren nicht vorhanden, es blieb bei unbeweisbaren Gerüchten, die Frau habe den Mann beiseite geschafft.

II. Polizei und Staatsanwaltschaft ermitteln

Am 18. Januar 1946 erschien in der Mittelbayerischen Zeitung in Regensburg eine Stellensuchanzeige. Ein Flüchtling aus der ČSR, dem heutigen Tschechien, wollte auf einem landwirtschaftlichen Anwesen arbeiten, das von allein stehenden Frauen bewirtschaftet werde. Wenige Tage nach der Vermisstenmeldung reagierte Anna Hofmann auf das Inserat, das ihr sehr gelegen kam. Das Angebot der Kainabäuerin erhielt vom Inserenten Priorität. Mitte Februar brachte Willibald Bürgermeister 2 Tage auf dem Hof zu. Die gewonnenen Erkenntnisse über für ihn günstige Umwelt- und Lebensverhältnisse erleichterten ihm die Zusage, als Knecht einzustehen.

Am 18. Februar erschien Bürgermeister mit Sack und Pack auf dem Kainahof, und schon 3 Tage danach teilte die Bäuerin mit ihm das Bett.

Bei Freunden und Bekannten des Abgängigen Georg Hofmann verstummte nie mehr das Gerücht, die Ehefrau habe ihn umgebracht und die Leiche beseitigt. Diese immer lauter werdenden Anwürfe gegen die Kainabäuerin blieben bei der Landpolizei nicht ungehört, es dauerte aber dennoch 3 weitere Jahre, bis soviel belastendes Tatmaterial gegen Anna Hofmann vorlag, dass zu Aktionen geschritten werden konnte.

So bezeugte eine Frau aus der Umgebung des Kainahofes eine Mitteilung, die ihr Georg Hofmann bei einem Viehhandelsgeschäft Ende November 1945 gemacht hatte:

Eines Nachts zur Mitte des Monats sei Hofmann aus dem Schlaf aufgeschreckt. Atemnot hatte ihn befallen. Jemand musste ihm die Kehle zugedrückt haben. Vor ihm am Bettrand stand die Ehefrau und rieb sich die Hände.

„Wuist mich erdrosseln", will er sie, nach Luft ringend, angesprochen haben.

„Du fantasierst mal wieder, bist ja stockbesoffen", soll sie ihm darauf geantwortet haben.

Einer anderen Bekannten erzählte Hofmann:

„Meine Frau hat schon einmal ein Messer mit zu sich ins Bett genommen und gedroht, mir die Gurgel durchzuschneiden, falls ich sie nicht in Ruhe lasse."

Schließlich fanden sich noch 2 weitere Zeugen, die präzise und zuverlässige Aussagen machten:

Die auf dem Kainahof einquartierte Flüchtlingsfrau Slotty hörte in der in Rede stehenden Nacht vom 20. auf 21. Januar 1946 ein heftiges Poltern aus der Küche, eine noch am 20. Januar von Georg Hofmann für den Folgetag zur Stallarbeit einbestellte Taglöhnerin gewahrte am Morgen des 21. Januar auf dem Hausgang, wie die Bäuerin eine nicht erkenntliche Last in einem Sack verpackt ins Freie schleppte.

Die Schilderungen dieser vertrauenswürdigen Personen veranlassten daraufhin Staatsanwaltschaft und Polizei zum Zugriff.

* * *

Am 11. Januar 1950 holten Strafverfolgungsbehörde und Polizei zu einer Großaktion aus, um das Verschwinden des Bauern Georg Hofmann endlich aufzuklären. 18 uniformierte Beamte von Stationen im Landpolizeiinspektionsbereich und 7 Beamte der Kriminalaußenstelle Griesbach führten unter Leitung eines Staatsanwalts der Staatsanwaltschaft Passau schlagartig Durchsuchungen auf dem Kainahof und Absuchungen in der Umgebung durch. Neben dem Haupt- und den Nebengebäuden waren Suchobjekte das Bründlholz, der Misthaufen und der Weiher neben dem Hof. Aus- und Umgrabungen sowie Abpumpen des Wassers aus dem tiefen Weiher brachten weder die Leiche noch Teile davon zutage. Versäumt war hingegen worden, dort zu graben, wo der kurz vorher abgetragene Backofen gestanden hatte und darauf ein Blumengarten errichtet war. Dort hätten sich eventuelle Hinweise finden lassen, Licht ins Dunkel des mysteriösen Falles zu bringen.

Anna Hofmann wurde zu Beginn der Aktion wegen Mordverdachts festgenommen, zeitgleich mit ihr auch der Nachbar Max Weidinger, der Mittäterschaft dringend verdächtig.

146

Auf der Bahnstrecke unweit vom Kainahof beging der Verwalter Bürgermeister Selbstmord.   *(Foto: aus Privatarchiv)*

Anna Hofmann verteidigte sich von Beginn ihrer Vernehmungen an sehr geschickt. Behauptete stets, was ihr zum Tatvorwurf gemacht werde seien Hirngespinste, töricht und unerhört. Nach 25 harten Verhören durch Staatsanwalt und Kriminalbeamte begann der Zement einer um sich aufgebauten Mauer bei der Verhafteten abzubröckeln. Sie gab eine einstudierte Geschichte zum Besten: „An dem fraglichen Montagmorgen habe ich die Kühe gemolken. Mir ist aufgefallen, dass der Jagdhund meines Mannes dauernd an der Tür der Dachkammer kratzte und dabei jaulte. Mein Mann hat sich in den letzten Kriegswochen darin verborgen gehalten und den Hund öfters zu sich gelassen.

Als ich in den Raum eintrat, hing Georg mit einem Strick festgebunden tot am Dachbalken. In meiner Aufregung habe ich ihn abgeschnitten. Weil ein Selbstmörder Schande übers Haus bringt, habe ich die Leiche gleich verräumt. Alle Leute hätten doch gleich angenommen, dass er sich wegen mir aufgehängt hat."

Auf die Frage eines Vernehmungsbeamten, wieso sie es nicht mitgekriegt habe, dass ihr Mann nicht im Schlafzimmer genächtigt hatte, antwortete sie: „Immer wenn wir uns zerkriegt und gestritten haben, schlief er oben in der Dachkammer."

Dann führte die Hofmann weiter aus:

„Zuerst habe ich ihm die Arme und Beine mit einem Beil abgehackt und sie im Küchenherd verbrannt. Danach steckte ich den Rumpfkörper und den Kopf in einen Sack und vergrub ihn im Backofenhaus."

Der 50-jährige Nachbar Max Weidinger gab gleich in der ersten Vernehmung dem Staatsanwalt zu, mit Anna Hofmann längere Zeit eine ehewidrige Beziehung unterhalten zu haben. Diese habe sich erst aufgehört, als der Knecht Bürgermeister auf den Hof kam und dann mit der Anna lebte wie Mann und Frau. Von einem Mord an Hofmann wisse er überhaupt nichts. Er habe den Beteuerungen der Anna immer geglaubt, die zu ihm gesagt hatte, Georg sei von einer Fahrt nach Pfarrkirchen nicht mehr heimgekommen.

Willibald Bürgermeister ins Verhör genommen, konnte den bohrenden Fragen der Vernehmungsbeamten, was er vom Verschwinden des Bauern Hofmann wisse, nicht mehr standhalten und gab zu Protokoll:

„In den ersten Tagen des Monat März 1946, die Bäuerin und ich standen schon miteinander auf vertrautem Fuße, erzählte sie mir, ihr Mann sei tot und sie habe Leichenreste im Backofenhaus vergraben. Ich habe nicht danach gefragt, wer ihn tötete, vermutete aber gleich, daß sie ihn umbrachte. Ganz von selber erklärte sie mir dann, Gliedmaßen von ihm im Küchenherd verbrannt zu haben. Ich riet ihr daraufhin, den Sack mit den Leichenteilen wieder auszugraben und ebenfalls zu verbrennen. Sie hat gesagt, ich solle das tun. Ich grub den Sack aus, zerstückelte mit dem Beil, das auch sie benutzt hatte, Rumpf und Kopf in kleine Teile, wickelte diese in Papier ein und trug sie in einem Kübel abgelegt, ins Wohnhaus. Gemeinsam verbrannten wir alles im Küchen- und Wohnstubenofen. Ich habe von der Sache nichts verlauten lassen, weil mich Anna heiraten wollte, wenn Gras über das Ganze gewachsen wäre. Den Ehemann für tot erklären zu lassen, damit wollte sie noch zuwarten. Inzwischen bin ich sowieso der Herr auf dem Hof gewesen, da eilte die Angelegenheit nicht."

Willibald Bürgermeister, am 30. Oktober 1917 in Gablonz, Sudetenland, geboren, beging am 23. Januar 1950 Selbstmord. Er ließ sich um 19.30 Uhr am Abend in der Nähe des Kainahofes beim Bahnübergang Rotthalmünster–Tutting auf dem Bahnkörper vom Zug überfahren.

Bevor er Suizid beging, zahlte er den 2 inzwischen auf dem Hof beschäftigten Dienstboten die Löhne aus und hinterließ auf dem Küchenbuffet neben anderen Schriftstücken und dem Wirtschaftsgeld einen Brief, gerichtet an einen Rotthalmünsterer Polizeibeamten. In diesem redete er unter teilweiser Namensnennung den am Verschwinden des Kainabauern Schuldigen ins Gewissen, sich zur Wahrheit zu bekennen. Aus dem Schreiben ging jedoch nicht hervor, ob er sich selbst bekannte durch seinen Selbstmord die anderen Verdächtigten zu entlasten, oder ob er die Angeschuldigten, die im Passauer Landgerichtsgefängnis inhaftierten Anna Hofmann und Max Weidinger, zu einem Geständnis hatte veranlassen wollen.

III. Anklage und Urteil

Nachdem die im Jahre 1949 verstärkt wieder aufgenommenen Ermittlungen einen dringenden Tatverdacht verdichtet hatten, erhob die Staatsanwaltschaft Passau beim Schwurgericht Landshut am 16. März 1950 gegen die am 11. Januar 1950 festgenommene und auf Grund Haftbefehl des Amtsgerichts Rotthalmünster vom 13. Januar 1950 in das Landgerichtsgefängnis Passau in

Untersuchungshaft eingelieferte Bauerswitwe
Anna Hofmann
Anklage, aus niederen Beweggründen, heimtückisch und grausam
einen Menschen getötet zu haben.

Der Prozess vor dem in Passau tagenden Schwurgericht Landshut
begann am 21. Juni 1950. 28 Zeugen sagten in diesem 3 Tage
dauernden Mammutverfahren aus, das die Öffentlichkeit aufmerksam verfolgte.

Anna Hofmann verfing sich im Laufe der Verhandlung immer
mehr in einem Lügengestrüpp. So war das, was sie am Tag des
Verschwindens ihres Ehemannes im Sack aus dem Haus trug, einmal ein totes Reh, ein andermal ein Hase. Dann wiederum waren
ihre bei der Polizei und dem Staatsanwalt gemachten Aussagen
aus ihr „herausgepresst" worden, um gleich darauf wieder zu be-
stätigen, was ihr der Gerichtsvorsitzende aus den Vernehmungs-
protokollen vorlas. Als der Vorsitzende ein mächtiges, wie ein
mittelalterliches Henkerbeil anmutendes Hackebeil vorzeigte, mit
dem sie dem Getöteten die Gliedmaßen abgetrennt hatte, wisch-
te sie sich ein paar Tränen der Rührung oder auch der Scham aus
den Augen. Im proppenvollen Zuschauerraum machte sich Unmut bereit, laute Rufe des Entsetzens waren zu hören.

Gegen den 50-jährigen Max Weidinger konnten weder Beweise
für eine Mittäterschaft noch einer begünstigenden Straftat er-
bracht werden. Er wurde Zeuge der Anklage. Zum Tatvorwurf
des Mordes gegen die Angeklagte waren auch ihm keine Hinweise zu entlocken, falls er tatsächlich davon Kenntnis gehabt haben
sollte.

Weidinger konnte den Gerichtssaal als freier Mann verlassen,
nicht ohne den Makel einer moralischen Mitschuld am strafbaren
Verhalten der Angeklagten.

Die ganze Affäre mutete an wie ein grausamer Roman, bei dem
das Ende und die schuldigen Personen noch hinter einem bluti-
gen Fragezeichen standen, das der Fantasie alle Möglichkeiten
weiter offen ließ.

Erst die beiden medizinischen Sachverständigen, Landgerichtsarzt Dr. Josef Koniczewski und Medizinalrat Dr. Gottfried Reiter aus Mainkofen, brachten Ordnung in die strafrechtliche Verantwortlichkeit der Angeklagten Hofmann. Beide bezeichneten sie als für die Tat voll verantwortlich. Der Psychiater warf die Frage auf, ob eine Frau, die ohne Gewissensbisse zu spüren, eine Leiche zerstückle und verbrenne, geistig normal sein könne. Als Hauptmerkmale ihrer abnormen Veranlagung benannte er Egoismus, grenzenlose Eifersucht, sexuelle Triebhaftigkeit, bis zur Kaltblütigkeit und Brutalität gesteigerte Gefühlskälte. Sie sei charakterlich minderwertig, als Psychopathin indes nicht unzurechnungsfähig, schloss er seine gutachterlichen Ausführungen.

In seinem Schlussplädoyer nach der gerichtlichen Beweiserhebung geißelte der Anklagevertreter die Angeklagte:

„Der hier vorliegende Fall ist der ungeheuerlichste, der je vor einem Schwurgericht ausgetragen wurde. So etwas, wie den hier vorliegenden Fall habe ich noch nie in meiner Praxis erlebt."

Danach belehrte der Gerichtsvorsitzende die Geschworenen eindringlich, nach eigenem Wissen und Gewissen zu entscheiden. Die drei gestellten Fragen würden lauten: Auf Mord, Totschlag, und wenn auf Totschlag ob auf mildernde Umstände.

Ausführlich erklärte er ihnen noch den Unterschied zwischen Mord und Totschlag. Seine letzten Worte an die Geschworenen waren, als diese sich zur Beratung zurückzogen:

„Meine Herren, urteilen Sie nüchtern, kühl und mit Verstand."

Der Obmannsspruch lautete mit mehr als 7 Geschworenenstimmen auf **M o r d**.

Daraufhin beantragte der Staatsanwalt die nach dem geltenden Recht mögliche Strafe: Lebenslanges Zuchthaus.

VI. Das Urteil

Im Namen des Gesetzes!

Das Schwurgericht beim Landgericht Landshut erläßt in der Strafsache gegen

Anna Hofmann
Bäuerin aus Kaina

wegen **Mordes**

in der öffentlichen Sitzung vom Freitag, den 23. Juni 1950, an der teilgenommen haben:

(Vorsitzender, Beisitzer, 12 Geschworene, der Staatsanwalt, der Protokollführer)

folgendes   **URTEIL**

I. Die Angeklagte **Hofmann Anna,** geboren am 6. August 1909, verwitwete Bäuerin von Kaina wird wegen

eines Verbrechens des Mordes
zu lebenslangem Zuchthaus verurteilt.

Der Angeklagten werden die bürgerlichen Ehrenrechte auf Lebenszeit aberkannt.

II. Die Angeklagte hat die Kosten des Verfahrens zu tragen.

Gründe:

Nachdem die Geschworenen die Frage 1 bejaht hatten, war die Angeklagte eines Verbrechens des Mordes gemäß § 211 STGB. schuldig zu sprechen.

Durch Artikel 102 des Grundgesetzes für die Bundesrepublik Deutschland vom 23. Mai 1949 ist die Todesstrafe für das gesamte Bundesgebiet abgeschafft. Die Angeklagte war daher zu lebenslangem Zuchthaus zu verurteilen.

Die ehrlose Gesinnung, welche sie durch die Tat gezeigt hat, rechtfertigt den Ausspruch über den Verlust der bürgerlichen Ehrenrechte nach § 32 STGB.

Die Kostenentscheidung erging nach §§ 464, 465 STPO.

gez.: ....   gez.: ....
LGDir.   LGRat

Abschrift

Aktenzeichen: Ks 2/50 (120/50).

Rechtskräftig s.11.X.50

München,25.10.50
Der Urk.Beamte der Gesch.Stelle
des Bay.Obersten Landesgerichts
München

gez: Unterschrift unl.J.Insp.

Jm Namen des Gesetzes !

Das Schwurgericht beim Landgericht Landshut erläßt in der Strafsache
gegen

H o f m a n n   Anna,

Bäuerin aus Kaina,

wegen Mordes

in der öffentlichen Sitzung vom Freitag,den 23.Juni 1950
an der teilgenommen haben:

1. Der Vorsitzer: Landgerichtsdirektor K o h l e r
2. die Beisitzer: Landgerichtsräte S c h e l c h s h o r n   und
                                    Dr. C h m e l i t s c h e k
3. die Geschworenen: a) Jrmler Kurt
                     b) Kellermann Otto,
                     c) Packheiser Fritz,
                     d) Ortmeier Johann,
                     e) Schneider Paul,
                     f) Wagner Johann,
                     g) Wirth Ernst,
                     h) Schwaiger Georg,
                     i) Greiler Georg,
                     k) Kern Ludwig,
                     l) BauerJosef,
                     m) Blechinger Max,
4. der Staatsanwalt: H a s e m a n n
5. der Urkundsbeamte: Justizangestellter G e b h a r d t
folgendes

U r t e i l :
==================

I. Die Angeklagte H o f m a n n Anna,
   geboren am 6.August 1909,verwitwete Bäuerin von Kaina,
                        wird wegen
        eines Verbrechens des Mordes
                zu lebenslangem Zuchthaus
   verurteils.

Der Angeklagten werden die bürgerlichen Ehrenrechte auf Lebenszeit aberkannt.

II. Die Angeklagte hat die Kosten des Verfahrens zu tragen.

G r ü n d e :

Nachdem die Geschworenen die Frage 1 bejaht hatten, war die Angeklagte eines Verbrechens des Mordes gemäß § 211 STGB. schuldig zu sprechen.

Durch Artikel 102 des Grundgesetzes für die Bundesrepublik Deutschland vom 23.Mai 1949 ist die Todesstrafe für das gesamte Bundesgebiet abgeschafft. Die Angeklagte war daher zu lebenslangem Zuchthaus zu verurteilen.

Die ehrlose Gesinnung, welche sie durch die Tat gezeigt hat, rechtfertigt den Ausspruch über den Verlust der bürgerlichen Ehrenrechte nach § 32 STGB.

Die Kostenentscheidung erging nach §§ 464,465 STPO.

gez: Kohler   gez: Schelchshorn
     LGDir.   LGRat.

Beglaubigt:

Landshut, den 15.Juli 1950
Geschäftsstelle des Landgerichts
          gez: Lutz
L.S.   Just.Insp.

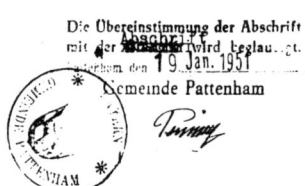

Die Übereinstimmung der Abschrift mit der .... wird beglau....t.
............, den 1 9.Jan. 1951
.... Gemeinde Pattenham

Anna Hofmanns letzte Worte nach der Urteilsverkündung waren: „Ich hab's net getan."

Die Verurteilte war in der Frauenstrafanstalt in Aichach inhaftiert.

Mit Entschließung des Bayerischen Justizministeriums vom 25. September 1970 wurde die weitere Vollstreckung der Freiheitsstrafe ab 1. März 1971 im Wege der Gnade zur Bewährung ausgesetzt und am 10. Mai 1977 erlassen.

Am 16. Juli 1981 ist Anna Hofmann in München verstorben.

Nr. 25   C

Rotthalmünster, den 20. Februar 1951

Der Bauer Georg Hofmann

_____, katholisch _____,

wohnhaft in Reina, Haus Nr. 60 Gemeinde Pattenham

ist ~~am~~ in der Nacht vom 20. auf 21. Januar 1946 um ~~Todesstunde unbekannt~~ Uhr _____ Minuten

in Reina, Haus Nr. 60, Kreis Griesbach _____ verstorben.

Der Verstorbene war geboren am 21. April 1910

in Enichl, Gemeinde Pattenham

(Standesamt Rotthalmünster Nr. 28/1910)

Vater: _____

Mutter: Therese Auer, geborene Hofmann, zuletzt wohnhaft in Reina, Gemeinde Pattenham.

Der Verstorbene war ~~nicht~~ verheiratet mit Anna Hofmann, geborenen Kraus, wohnhaft in Reina,
Haus Nr. 60, Gemeinde Pattenham. _____

Eingetragen auf ~~mündliche~~ – schriftliche – Anzeige der Ortspolizeibehörde Pattenham mit Genehmigung des Landratsamtes in Griesbach vom 15. Februar 1951

~~D : Anzeigende~~ _____

~~Vorgelesen, genehmigt und _____ unterschrieben~~

Der Standesbeamte

In Vertretung: Lindlmaier.

Todesursache: Tod durch Ermordung

Eheschließung des Verstorbenen am 11.4.1939 in Rotthalmünster

(Standesamt Rotthalmünster Nr. 5/1939

156

Nr. 4   C

Rotthalmünster, den 27. Januar 1950

Der landwirtschaftliche Verwalter Villibald
Bürgermeister   , katholisch   ,
wohnhaft in Kaina, Haus N: 60, Gemeinde Pattenham

ist am 23. Januar 1950   um 19 Uhr 30 Minuten

in Kaina beim Bahnübergang   verstorben.

Der Verstorbene war geboren am 30. Oktober 1917

in Geblonz, Sudetenland

(Standesamt   Nr.   )

Vater: Wenzel Bürgermeister wohnhaft in
Grambin, Kreis Uckermünde, Pommern.

Mutter: Antonie Bürgermeister, geborene Bürgermeister, zuletzt wohnhaft gewesen in Grambin.

Der Verstorbene war — nicht — verheiratet.

Eingetragen auf ~~mündliche~~ — schriftliche — Anzeige der Ortspolizeibehörde Pattenham vom 27. Januar 1950.

~~Der   Anzeigende~~

~~Vorgelesen, genehmigt und~~   ~~unterschrieben~~

Der Standesbeamte
In Vertretung Lindlmaier.

Todesursache: Zertrümmerung von Herz und Lungen.
Selbstmord durch Überfahrenlassen vom Zug.

~~Eheschließung de   Verstorbenen am~~   ~~in~~

(Standesamt   Nr.   )

157

Worterklärungen in den Texten

Gevatter	= Pate, auch Göd genannt, guter Freund, guter Bekannter
Hauserin	= Bäuerin, Herrin, Haushälterin, Wirtschafterin
Kuchelmensch	= Küchenhilfe, Küchenmädchen
Loamsieada	= Leimsiedler = langweiliger Mensch
Mucken	= Charaktereigenschaften z. B. Launen
Schranze(n)	= lästiges Kind, Gnom
Terzerol	= kleine Pistole

Quellenangaben

Aschenbrenner	= HStA München, Staatsarchiv Landshut
Hahn	= Staatsarchiv Landshut, Ortschronik Konzell
Hofmann	= Anklageschrift StA Passau Zeitungsausschnitte PNP Befragung von Zeitzeugen Eigene Erkenntnisse als Polizeibeamter im Inspektionsbereich Griesbach i. R.
Prommersberger	= Staatsarchiv Amberg
Schreiner	= Staatsarchiv Landshut
Schmucker	= Staatsarchiv Landshut
Steindl	= HStA München, StAr. Landshut
Zeiler	= Staatsarchiv Landshut

Der Autor

Johann Dachs, (*4. März 1928; †
28. November 2007) in Altrands-
berg bei Kötzting im Bayerischen
Wald geboren, entstammte einer
Bäckersfamilie. Er war Diplomver-
waltungswirt (FH) und Erster Poli-
zeihauptkommissar in der Großen
Kreisstadt Dachau in Oberbayern.
Johann Dachs schloss nach seiner
Heimkehr aus amerikanischer
Kriegsgefangenschaft die 1943 bei
der Stadtverwaltung Straubing begonnene Verwaltungslehre ab
und trat am 1. Januar 1946 als damals jüngster Vollzugsbeamter
in Deutschland in den Dienst der Stadtpolizei Straubing. Nach
seinem Wechsel zur Bayerischen Landpolizei im Jahr 1947, der
ihn u. a. nach Arnschwang, Runding, Pemfling, Pocking und
Griesbach im Rottal führte, war er ab April 1951 als Lehrer und
Ausbilder in der Bayerischen Bereitschaftspolizei in Rothenburg
o. d. Tauber, Fürstenfeldbruck und München tätig. Der erfolg-
reich für den gehobenen Polizeivollzugsdienst abgeschlossene
Lehrgang an der Beamtenfachhochschule Fürstenfeldbruck
brachte ihn 1963 in das Amt eines Zugführers bei der Bereitschaftspolizei in Seeon, eines Stations- und Inspektionsleiters der
Landpolizei in Holzkirchen, Dachau und Fürstenfeldbruck. Von
1980 bis 1982 war er Hundertschaftsführer bei der Bereitschaftspolizei in Dachau, danach wurde er Leiter der Polizeiinspektion
24 und der nachmaligen Inspektion 31 in München, aus der er
1988 als dienstältester Beamter im Polizeivollzugsdienst in den
Ruhestand ging.
Johann Dachs gilt seitdem als ein erfolgreicher Autor von Zei-
tungs- und Zeitschriftenbeiträgen sowie von heimatkundlich-
zeitgeschichtlichen Kriminalsachbüchern und Biographien.